CASA SEGURA

La historia del encuentro supernatural con el Hombre-Dios Jesús

PETRA P.

Salvos en su Gloria

Derechos de autor © 2023 publicación hecha por Salvos en su Gloria.

Todos los derechos reservados

Ninguna parte de este libro puede ser reproducida en ninguna forma o por cualquier medio electrónico o mecánico, incluyendo almacenamiento de información y sistemas de recuperación sin el permiso por escrito del autor, excepto cuando este material sea utilizado en citas breves durante una reseña del libro.

Este trabajo describe eventos reales en la vida del autor con la veracidad que permite el recuerdo de estos y/o pueden ser verificados a través de investigación. Ocasionalmente los diálogos se han complementado de acuerdo con el personaje o naturaleza de la persona que se expresa. Todas las personas en esta historia son individuos reales, no son personajes creados. Los nombres de algunos individuos han sido cambiados por respeto a su privacidad.

Todas las citas bíblicas, a menos contraindicación son tomados de la Santa Biblia, Nueva versión International NIV (siglas en inglés) derechos reservados 1973, 1978, 1984, 2011 por Bíblica Inc. Usados con permiso de Zondervan. Todos los derechos reservados mundialmente. www.zondervan.com La versión NIV y la Nueva Versión Internacional son marcas comerciales en las patentes de los Estados Unidos y la Oficina de Patentes de Bíblica, Inc.

Todos los énfasis en las citas bíblicas fueron agregadas por la autora.

Impreso en EEUU

Segunda edición

www.safeintheglory.com

AGRADECIMIENTOS

Para mi esposo, gracias por viajar conmigo en esta gran aventura.

Para mis niñas, ustedes son el regalo más dulce de Dios que una madre puede pedir.

A mi clan, ustedes me han sostenido, han orado por mi, han sido una fuente del amor de Jesús en mi vida.

"Yo te digo que tú eres Pedro, y sobre esta piedra edificaré mi iglesia y las puertas del reino de la muerte no prevalecerán contra ella."

— MATEO 16:18, ESV

CONTENTS

1. INICIOS   1
2. ESCUELA   8
3. MATRIMONIO   18
4. AMOR PERFECTO   24
5. UNA FAMILIA LIBERADA   32
6. VESTIDOS BLANCOS DE LIBERACION   41
7. LLAVES DEL REINO   50
8. LLAVES DEL REINO DEL ESPIRITU SANTO   60
   CIMIENTOS FUNDAMENTALES   67

Lista de libros para entender mejor el reino de los Cielos   75

1
INICIOS

"Esta luz resplandece en las tinieblas, y las tinieblas no han podido extinguirla."
Juan 1:5

Nací en la India, un país con una belleza extraordinaria y con un patrimonio cultural rico y antiguo. Es una tierra de especies y color, de tradición e innovación, de amor ardiente y pasión, y arraigados sentimientos de ira y odio. En esta tierra paradójica, mis padres me dieron la bienvenida, una bebé.

Donde lo viejo y lo nuevo chocan, y la obstinada persistencia de antiguas tradiciones profundamente arraigadas perjudican a las mujeres. Desde el día que nací hasta el día de mi matrimonio, mis padres se obsesionaron sobre la seguridad y pureza de sus hijas.

La costumbre de los matrimonios en India es que la familia de la novia debe dar joyas y otros objetos valiosos como regalos a la familia del novio. No es una exageración decir que mis padres vivieron en un estado de ansiedad por proteger la inocencia de sus hijas hasta que ellas puedan conseguir y obtener un compañero de matrimonio adecuado. Por lo tanto, no es sorprendente incluso hoy en día que las familias vean a las niñas como una carga en lugar de una bendición.

Aun así, mi familia hizo todo lo posible en darme una vida y un hogar.

El sistema de castas (una serie estricta de agrupaciones sociales) en mi religión y el género determina sustancialmente el futuro de un niño en India. Nací en la casta superior de una religión importante, donde los devotos siguen a una plétora de dioses. Mi padre, un doctor, y mi madre una ama de casa, estaban orgullosos de nuestra herencia y llevaron una vida simple sin riquezas ostentosas ni pobreza debilitante.

Mi hermano mayor y yo fuimos criados para adorar a los dioses que mis padres servían. Mi familia cumplió con sinceridad las normas religiosas y fueron fieles en la devoción y peregrinaje a nuestros ídolos. Creíamos que los ídolos que nosotros adorábamos eran benevolentes, pero no podían protegernos de los entes demoniacos sin nada a cambio. En otras palabras, teníamos que hacer trueques con los dioses para conseguir algo. El favor de los dioses se podía ganar dando una ofrenda en el templo e iban desde cabello humano hasta dinero. En India, los padres a veces les rapan el cabello a sus hijos como ofrenda para buena salud, incremento financiero y por un continuo favor en lo social y profesional.

De mi niñez tengo recuerdos de jugar con mis amigos y momentos felices con mi padre, a quien ame mucho. También tengo recuerdos vividos de mis padres haciendo ofrendas a ídolos. Ellos me enseñaron que mi obligación era agradar a los dioses y hacer buenas obras. Creíamos que nuestras buenas obras superaban o balanceaban las malas. Palabras como moralidad, pecado, y arrepentimiento no tenía lugar en nuestra teología.

La vida cotidiana era simple y dulce. Leía y disfrutaba al aire libre. Mi madre cocinaba comida tradicional del sur de India. Yo era feliz e inocente acerca de las cosas del mundo hasta que un día todo cambio.

A la edad de 8 años, mientras estaba jugando afuera, el hijo adulto de mi vecino me llevo a un lugar apartado y abuso de mí. Estaba traumatizada. Me amenazo para que no dijera nada a mis padres. Un espíritu de miedo se apodero de mí. Viví en constaté terror y trataba de esconderme cada vez que lo veía acercarse. Pero la mayor parte del tiempo, él me encontraba y se salía con la suya.

Aun a la tierna edad de ocho años sabía que había perdido algo precioso, pero no comprendía exactamente qué. Yo estaba vacía y sin vida, el hijo del vecino destrozo mi infancia una y otra vez. Era demasiado joven para comprender completamente la existencia del mal en este mundo, caminaba descalza por los senderos de las montañas rocosas para visitar los templos como sacrificio a los dioses. Negué mi cuerpo con ayuno y oraciones. A pesar de todas mis súplicas a los dioses para que me salvaran, estos no hicieron nada por mí. Espíritus esclavizantes de miedo y soledad se volvieron mis "amigos".

Años más tarde, al acercarse mi cumpleaños número diez, mis padres compraron una nueva casa para estar cerca de los parientes. Aquí, en la seguridad de un nuevo departamento, quizás finalmente, mis dioses me liberarían y me permitirían vivir la vida que una niña normal debería vivir. Mis esperanzas fueron en vano. Tan hermosa como la casa era, así esta se convirtió en un infierno en la tierra. Casi inmediatamente, uno de los miembros más cercanos a mi familia continuó donde el abusador anterior había dejado. Nuevamente, sufrí en silencio y mi corazón lloraba por alguien que me rescatará.

Para sobrevivir al abuso, desarrolle estrategias de adaptación: cada vez que mi abusador me atrapaba y abusaba, yo enterraba el recuerdo del ataque en lo más profundo de mi alma. Quizás suene maquiavélico, pero estaba más feliz de que este abusador fuera menos agresivo e intimidante que el primero. Verdaderamente el menor de dos malvados.

No tomo mucho tiempo para que mi corazón se endureciera. Encerré mis emociones dentro de una bóveda impenetrable y secreta. Pero ninguno de nosotros puede vivir una vida normal con tanto dolor y sufrimiento enterrado. Me volví autodestructiva y estaba llena de rabia. Mi familia más cercana fueron los receptores de mi odio, violencia, e ira. Nadie sabía que palabrita o gesto encendería mi temperamento violento – ¡ni siquiera yo!

Mi madre y mi padre estaban desconcertados. Ellos no tenían idea de donde procedían mis cambios de humor agresivos. Creo que los asustaba. Y como muchos padres, ellos presumieron que mi comportamiento impredecible era producto de mi adolescencia. Yo llegue a la conclusión de que mi religión no me ofrecía esperanza, ni libertad, ni justicia. Yo permanecía demasiado aterrorizada como para contarles a mis padres acerca del continuo abuso en el que yo estaba atrapada.

Viví mis días en terror. Un manto grueso de vergüenza pesaba sobre mis hombros. En vano grite llore e incluso me mordí mi propia piel con la esperanza de que el dolor expulsaría la vergüenza. Vergüenza y terror son el fruto del abuso. Eventualmente decidí que vivir no valía la pena, hice varios intentos para quitarme la vida. Pero por la gracia de Dios cada intento fue infructuoso.

Durante este tiempo oscuro de mi vida, ¡vino la luz! Era el mes de diciembre, el tiempo en que el sur de India es frio y seco. Tenía once años y estaba en sexto grado. Encendí la televisión y sentí como una fuerza espiritual estaba guiándome a ver una película sobre el nacimiento de un niño llamado Jesús. Un bebe que la película describía había nacido para salvar a la humanidad.

No entendía de que se trataba este Jesús, pero seguí mirando por curiosidad. Mis ojos estaban pegados a la pantalla cuando Él era torturado, golpeado, escupido, abusado, despojado de sus ropas y clavado a una cruz de madera para morir. Fue tan violento y trágico que penetro mi duro corazón. Jesús no hizo nada malo para merecer tanta crueldad, así como yo. Me identifique con el dolor de este hombre. Mientras seguía mirando, el narrador dijo que este hombre Jesús murió voluntariamente para pagar el precio por el pecado de toda la humanidad.

¿El precio por el pecado de toda la humanidad?

¿Qué significaba eso? ¿Qué es el pecado?

Recuerden, en mi mundo, no existía el concepto de pecado.

Más bien había equilibrio.

Las palabras me perturbaron, pero seguí mirando. Este Jesús amaba a la gente de tal manera que me hizo desear sentir esa misma forma de amor. En mi corazón yo sabía que este Jesús era real. Él me aceptaría en mi estado quebrantado. Él me trataría con amabilidad – no con vergüenza.

Cuando la película llego a su final, el narrador dijo que Jesús era Dios en forma humana. ¡Estaba extasiada de haber encontrado a un Hombre-Dios como Jesús! Inmediatamente, decidí adorarle junto con mis otros dioses. Secretamente, esperaba que el Dios-Hombre Jesús, a diferencia de los otros dioses, usaría su poder para rescatarme del abuso.

Varios meses después de esa noche de diciembre, una vez más, el nombre de Jesús fue susurrado en mi vida. Mis padres me inscribieron en una nueva escuela. La escuela era como un internado británico, con uniformes rígidos, hermosos pasillos y docenas de niñas que gritaban y reían nerviosamente. Mis maestras eran amables y pacientes, y sembraron en mi corazón un profundo amor por aprender. Era un ambiente seguro para mí.

Un día, note que una compañera estaba comiendo sola. Cuando le pregunte porque ella no estaba comiendo con una amiga, ella me contesto, "No estoy sola. Jesús está comiendo conmigo". Su respuesta me sorprendió. Pensé que el Hombre-Dios, como los otros dioses, era inalcanzable, un ser místico que vivía en algún lugar, arriba en el cielo. Además, en la película navideña que había visto unos meses atrás, Jesús murió, resucitó de entre los muertos y subido al cielo. ¿Podría el Hombre-Dios haber regresado del cielo para sentarse con mi compañera de clase mientras ella comía?

Ella habló con tanta fe acerca de Jesús sentado con ella, que supe que tenía que experimentar lo que fuera que ella estaba experimentando. Mi compañera de clase irradiaba en sus ojos una paz profunda y confianza que yo nunca había visto antes. Pensé mucho en lo que me dijo ella, mientras comía mi almuerzo que mi madre me había preparado – mi plato favorito, arroz al curry y verduras.

A partir de aquel día, el Hombre-Dios Jesús estuvo en mis pensamientos. Escenas de la película navideña se repetían en mi mente. Entendí que el Hombre-Dios Jesús quería comer con los marginados, los huérfanos, los oprimidos y los olvidados. Saber esto me trajo mucha alegría. Sentí como que yo estaba enamorada de un ser perfecto, que era compasivo, amable, agradable y amoroso con personas como yo.... pero yo no sabía cómo tener una relación con él.

Asumí que las mismas estrategias que usé para alabar a los dioses de los ancestros de mis padres deberían funcionar con el Hombre-Dios Jesús. Así que, oré una oración simple, pidiéndole a él que sea mi amigo y mi protector. Había orado esa misma oración muchas veces a muchos dioses diferentes, sin resultados. Pero, por primera vez después de orar sentí que alguien más estaba conmigo para compartir mi sufrimiento y dolor, risas, lagrimas, peculiaridades y gritos silenciosos que clamaban ayuda.

Durante ese tiempo, uno de los problemas que se sumó a mi gran desgracia fue mojar la cama. Tal comportamiento no es poco común en niños que viven en el miedo del abuso. Pensé que esto terminaría con el tiempo, pero aun a la edad de once años no se había detenido. Me sentía tan impotente de no poder controlar mi propio cuerpo. Una noche, decidí pedirle al Hombre-Dios Jesús que me ayudé a no mojar la cama. ¡Para mi asombro y gran alegría, el Hombre-Dios Jesús contesto mis oraciones! Continué orando por pequeñas y grandes cosas similares al Hombre-Dios Jesús. Él siempre se manifestó, aunque no de acuerdo con mi tiempo, pero siempre en el momento perfecto.

Una de mis oraciones regulares era para que el abuso terminará. Mi situación en casa era terrible. El miembro de la familia que abusaba de mi regularmente tenía fácil acceso a mí. Por un lado, las personas que necesitaba que me protegieran no tenían idea de lo que estaba pasando. Por otro lado, las personas que sabían sobre el abuso ellas mismas eran víctimas. Era una situación familiar complicada y perturbadora que se presenta diariamente en hogares alrededor del mundo.

El único oasis que tenía en este desierto de humillación y tormento era el lugar secreto en mi corazón con el Hombre-Dios Jesús. Todavía hubo ocasiones de autolesión, pero el Hombre-Dios estaba conmigo, protegiéndome de terminar con mi vida.

A través de este dolor en lo profundo de mi corazón, yo quería una cosa, Yo quería ser amada no odiada, apreciada no abusada, aceptada no rechazada. Yo quería ser pura, limpia del dolor, la vergüenza y la tristeza. Yo quería ser llamada *la amada.* Si alguien podía salvarme de la creciente oscuridad que acechaba en mi hogar y aun de la oscuridad profunda enterrada dentro de mí, era el Hombre-Dios Jesús.

Poco sabia en ese entonces de sus planes para salvarme – incluso antes de que fuera formada en el vientre de mi madre. Este plan de salvación está disponible a través del Hombre-Dios Jesús para cualquier hombre, mujer o niño(a). Todo lo que se necesita es invocar Su nombre.

2
ESCUELA

"Vuelve el desierto en estanques de aguas, Y la tierra seca en manantiales"
Salmo 107:35 NIV

¡El aprendizaje fue un manantial de agua fresca en mi desierto árido! Matemáticas, era, sobre todo, mi pasión. Todo tenía solución, a diferencia de mi vida. El mundo de las ecuaciones, los cálculos, las fórmulas, los símbolos numéricos eran seguros, puros, directos y constantes. Afortunadamente, mis padres reconocieron mi talento y contrataron un tutor para desarrollar mis habilidades.

Mis estudios fueron un bienvenido escape a la dolorosa situación de mi hogar. Si no estaba estudiando, estaba leyendo. Escapaba en las páginas de cualquier libro al que pudiera tener alcance. Una amiga me introdujo en las novelas románticas cursis de adolescentes. ¡De hecho, estas novelas fueron un placer! El héroe siempre rescataba a la muchacha en peligro y después los dos se iban y eran felices para siempre. Como anhelaba que mi héroe viniera a rescatarme. Ese héroe debería haber sido el

Hombre-Dios Jesús, pero realmente todavía no lo conocía bien. Lo único bueno que sucedió de esta experiencia fue al amor por la lectura, de lo cual estoy increíblemente agradecida.

Mis padres decidieron que yo estaba leyendo novelas con contenido inapropiado y me disciplinaron. Sin embargo, eso no me detuvo de seguir leyendo estos libros. Encontré formas de leerlos secretamente. Leí todo tipo de novelas – buenas, malas y horribles – y empecé a fantasear acerca del héroe viviendo a rescatarme del abuso. Yo no me di cuenta de que estas fantasías estaban llevándome a formar una especie de "amistad" con demonios. Yo pensé que eran amigos imaginarios con los que podía hablar. Sin darme cuenta de lo peligroso que podrían ser tales "imaginaciones" cuando hay un dolor profundo y soledad aplastante. Entré en una trampa terrible que solo intensificó mi vergüenza.

La escuela era mi refugio, y fue en la escuela donde conocí lo que se convertiría en el libro más importante de mi vida. Mi amiga quien también conocía al Hombre-Dios Jesús me dio un libro encuadernado en cuero negro. Ella me dijo que este libro me enseñaría como seguir a Jesús en mi vida diaria. El libro se llamaba "La Santa Biblia". Yo sabía que la Biblia era un libro que la gente que amaba al Hombre-Dios Jesús leía. Y como yo lo amaba, entonces empecé a leer la Biblia.

> ### ¿Qué es la Santa Biblia?
>
> La Santa Biblia es una colección de libros sagrados escritos por hombres que fueron inspirados y guiados por el Espíritu Santo de Dios. Hay sesenta y seis libros en la Santa Biblia. Todo lo que está escrito en la Santa Biblia es una promesa para todos los que creen el Hombre-Dios Jesús.
>
> Es posible que hayas notado nombres y números como "Salmo 107:35" o "Juan 1:5" debajo del número de cada capítulo en este libro. La secuencia básica para demostrar donde se encuentra una escritura o porción de la Biblia comienza nombrando el libro, luego el número del capítulo y luego el número específico del versículo.
>
> Por ejemplo, salmo 107:35 significa que hay un libro llamado Salmos, el primer número identifica el número del capítulo (107) y el segundo número identifica el versículo (35).

Esta Biblia, que descubrí estaba llena de las palabras del Hombre-Dios Jesús, pero no las entendí mucho. Entendí que la Biblia me enseñaría todo lo que necesitaba saber para vivir de acuerdo con Sus caminos, tal como me dijo mi amiga. Sin embargo, vivir como el Hombre-Dios Jesús dice que debía vivir en la Biblia no era fácil y mi falta de entendimiento de Sus palabras hizo que obedecer fuera difícil. Cuando comencé mi último año de secundaria, empecé a vivir una vida de inmoralidad.

No es inusual que los niños que sufrieron abuso se porten mal y que lleven un estilo de vida inmoral. Yo no fui diferente. Sentía que era una vergüenza para mi familia. Mi corazón estaba entristecido al saber que estaba lastimando al Hombre-Dios Jesús por mis acciones inmorales, aunque me arrepentía una y otra vez. A pesar de mis esfuerzos para ser "una buena muchacha", fracase una y otra vez.

A medida que se acercaba la graduación, parecía que estaba fallando en todo menos en la escuela. Afortunadamente, para este entonces el abuso en casa había bajado, pero mi madre y yo peleábamos constantemente. Nuestra relación empeoro por la ira que llevaba dentro y cada vez que explotaba, esta ira caía sobre ella. Mi relación con mi papa era más dulce, aunque todavía tensa. Hice todo lo posible para no causar más oleadas de conflicto innecesarias, aunque a menudo no tuve éxito.

En ese entonces, los programas de televisión sobre el Hombre-Dios Jesús eran más comunes en India. Una noche, estaba mirando uno de los programas cuando el predicador miro directamente a la cámara y dijo: "Jesús es el hijo de Dios y Él es el único camino a la casa de Dios (llamado El cielo)

"¿Que?" "¿Pensé para mis adentros, atónita, Jesús es el único camino al cielo?"

Esta declaración me impactó. Hasta ese momento, yo creía que el Hombre-Dios Jesús era uno más de los muchos dioses.

El predicador entonces explico que el pecado (desobediencia a Dios) nos separa de Nuestro Padre Celestial, Dios; y como Su Hijo el Hombre-Dios Jesús murió y resucitó para reconciliarnos con su Padre. ¡Dios hizo este sacrificio porque nos ama y tiene planes maravillosos para nuestras vidas! Dios nos ha creado a cada uno de nosotros con un propósito. Para Él, valemos más que todo el dinero del mundo. El predicador luego preguntó si alguien quería arrepentirse de sus pecados y aceptar al Hombre-Dios Jesús como su salvador y Señor. Aquellos que digan "si" serían adoptados en Su familia y cuando murieran irían a la casa de Dios, El Cielo.

Me fui a mi Biblia y mientras escaneaba sus páginas, me

encontré con este versículo: "'Yo soy el camino, la verdad y la vida' -le contestó Jesús-. 'Nadie llega al Padre sino por mí.'" (Juan 14:6 NIV). ¡Este versículo hizo eco a lo que dijo el predicador en la televisión acerca de que el Hombre-Dios Jesús es *el único camino* al cielo! ¡En ese momento, entendí lo que ese versículo significaba!

La idea de que el Hombre-Dios Jesús es el único camino al cielo cambió mi vida. Empecé a comprender que yo tenía un enorme valor para Dios y que podía ir al cielo; La Casa de Dios, sí seguía solo al Hombre-Dios Jesús. Si no, yo iría directamente al infierno cuando muera, un lugar de tortura y dolor eterno.

Por segunda vez en mi vida, Dios uso un programa de televisión para hablarme. Mientras escuchaba, escudriñé en mi corazón y descubrí que no quería servir a todos los dioses de mi familia después de conocer al Hombre-Dios Jesús. La vida no tiene ningún valor según las enseñanzas de la religión de mi familia. Bajo este sistema, nacemos para honrar a nuestros padres, casarnos, tener hijos, morir, rencarnarnos y repetir el proceso (sí es que me reencarnó en un ser humano). Basado en lo que hiciste en tu vida, podrías nacer de nuevo como cualquier criatura, no necesariamente como un ser humano. El concepto de pecado no existe.

Me preguntaba, *¿si alguno de los dioses ancestrales a los que había servido había hecho algo por mí de la forma en la que el Hombre-Dios Jesús lo había hecho?* Estaba viviendo en una oscuridad profunda, cuando de repente, la luz verdadera y el amor del Hombre-Dios Jesús vino a mí. Reconocí que Él era real, y sabía que Él tenía un plan para mi vida más allá de lo que yo podía imaginarme.

Contenta de que Dios me iba a adoptar en Su familia y que viviría en Su casa cuando muera, dije que "sí"; justo en frente de nuestra televisión, repitiendo después del predicador dije las siguientes palabras: "Me arrepiento de mis pecados. Confieso con mi boca que Jesús es Señor. Creo en mi corazón que Él murió por mí y que Dios lo resucitó a Él de la muerte."

Este fue el inició de caminar en la fe. Al principio, fue una jornada solitaria. Mis amigos y familia me escucharon compartir que el Señor Jesús era el único camino al cielo, pero no tomaron con agrado mi nueva fe, ni tampoco la forma energética en la que la compartía.

Después de elegir seguir al Señor Jesús y solo a Él, experimente una profunda paz, sabiendo sin lugar a duda que había un lugar seguro llamado Cielo para mi cuando muera. Sin embargo, en mi vida cotidiana, todavía sufría los cambios de humor que eran una carga para mi familia.

Aceptar a Jesús como tú Salvador y Señor es el inicio de una gran aventura de amor y verdad. Sin embargo, aprender a vivir como un hijo amado de Dios es un proceso. Mi pasado doloroso, hacia casi imposible deleitarme en la nueva vida que el Señor Jesús murió para darme. El problema, más tarde lo entendí, fue que los demonios del infierno me estaban asfixiando. Estos espíritus malignos estaban determinados en mantenerme alejada de mi libertad. Ellos susurraban la mentira de que mi vida no valía la pena vivirla.

Después de graduarme de la escuela secundaria, fui aceptada por una excelente universidad de ingeniería cerca de mi casa. Tuve dos opciones: Ser una doctora o una ingeniero. Escogí seguir ingeniería por el amor a las matemáticas y porque mi madre no quería que yo sea una doctora. Ella me dijo muchas veces, "¡Si estudias medicina, para cuando te gradúes serás muy mayor para hacer una buena pareja!"

En la universidad, aunque sacaba buenas notas, por dentro estaba insensible y necesitaba desesperadamente el toque sanador del Señor Jesús. Yo era una joven quebrantada.

PETRA P.

Consecuentemente termine poniéndome en muchas situaciones peligrosas. Mientras disfrutaba de mis estudios, un grupo de estudiantes varones me sometieron a un hostigamiento horrible. Debido a mi estilo de vida salvaje, me tenían en baja estima y pensaban que era una presa fácil. Su abuso verbal puso heridas frescas encima de las viejas.

Pero el Señor Jesús nunca se olvidó de mí. Él puso en mi clase un alma dulce que era excepcionalmente amable conmigo. Sus palabras tuvieron el mismo efecto sanador que cuando escuché al Señor Jesús o cuando leí acerca del señor Jesús en la Biblia. Descubrí que ella también era seguidora de Jesús. Con razón ella llevaba tal dulzura. Su alma gentil y su amabilidad marcaron mi vida y me ayudaron durante mis años universitarios. Ella era otra seguidora de Jesús, la única que conocí en esos cuatro años. No tuve otros seguidores de Jesús a mi alrededor, ni sabía dónde encontrarlos. Lo que si tenía era mi Biblia. ¡Empecé a leerla con más pasión y dedicación y experimente que sus palabras me daban vida y aliento como el oxígeno!

Aprendí que el Señor Jesús, Su Padre que está en los Cielos y otro ser divino llamado El Espíritu Santo coexisten en tres partes en un solo Dios, El Gran Creador de todo. Después de todo Jesús resucitó de entre los muertos y ascendió al cielo y envió su Espíritu Santo para consolarnos, guiarnos y llenarnos. Gracias al Espíritu Santo nunca estamos solos y tenemos acceso a la Voz de Dios las veinticuatro horas del día.

A medida que continuaba estudiando la Biblia, aprendí acerca de los espíritus malignos que odian a la humanidad y a Dios por igual. El diablo es el nombre del líder de este campamento demoniaco. Se le conoce con varios otros nombres: satanás, lucifer, el ángel caído, etc. Sus estrategias son simples: robar, matar y destruir a cada uno de nosotros. La Biblia explica cómo la muerte del Señor Jesús no solo pagó el precio de nuestros pecados, liberándonos del pecado y de la muerte, sino que también destruyó las obras del diablo.

Aunque someramente empezaba a entender la Biblia, lo poco que entendía me llevaba por el camino a la libertad de mi vergüenza profunda. Aprendí que por ser una seguidora del Señor Jesús mi vida misma amenazaba el reino de satanás. No fue una sorpresa que el diablo intentara matarme antes de cumplir los propósitos de mi vida. Necesitaba ser liberada de los demonios. Necesitaba un entrenamiento profundo en los caminos de Señor Jesús, además de una liberación de las maldiciones ancestrales.

Aprendí que un demonio es una entidad espiritual que trabaja para satanás. Y como satanás y estos demonios son enemigos de Dios y desean nuestra destrucción. Un demonio puede oprimir a una persona a través de mentiras y manteniéndola cautiva de peligrosas creencias. También puede poseer a una persona, obteniendo control sobre el cuerpo y las acciones de una persona. Debido a que los demonios no tienen forma humana, ellos necesitan el cuerpo físico de un ser humano para llevar a cabo sus planes malvados y destructivos. Ellos obtienen el acceso a través de una variedad de puertas espirituales que abrimos cuando violamos las leyes de Dios. En otras palabras, el pecado, incluyendo las practicas ancestrales demoniacas, pueden otórgales acceso. Obtienen su poder a través de nosotros, cuando entramos en acuerdo con sus mentiras y decepciones que susurran en nuestros corazones.

¡Pero hay una noticia sorprendentemente buena! Hay una autoridad infinitamente más grande y mucho más poderosa que cualquier poder demoniaco: El Señor Jesús. Solo Él tiene completo dominio sobre todas estas cosas. Este Dios, El Señor Jesús, nos delega su autoridad sobre los demonios cuando estamos bajo Su Señorío. El Señorío, en este contexto, significa seguir humildemente las enseñanzas y el estilo de vida del señor Jesús, sometiéndonos a Él. En resumen, significa amar a Dios con todo tu corazón, mente y alma y amar a los que te rodean como te amas a ti mismo. (ver Lucas 10:27). Una vez que le dije si al señor Jesús, Él me enseñó a tomar autoridad sobre estos demonios declarando las palabras fehacientes de la Biblia sobre mi vida a través del poder de Su Espíritu Santo.

Aprendí que el Espíritu Santo es el único espíritu que trae consuelo y liberación de los demonios. (Para aprender más acerca de quién es el Espíritu Santo, por favor leer el capítulo 8, *Llaves del Reino del Espíritu Santo*.) Al entregar mi vida al Señor Jesús, El Espíritu Santo se convirtió en mi mejor amigo. Con el paso del tiempo, Dios me liberó totalmente de los espíritus malignos que me atormentaban y que me mentían sobre mi valor, que me empujaban a hacer cosas peligrosas y me llenaban de rabia y odio. ¡Fui llenada con El Espíritu Santo! Fui liberada de las voces malignas que trataron de matarme tantas veces. Por primera vez en mi vida, ¡quería vivir!, ¡quería cumplir el propósito que Dios había planeado para mi desde antes de la fundación del mundo!

"Estando persuadido de esto, que el que comenzó en vosotros la buena obra, la perfeccionara hasta el día de Jesucristo"
Filipenses 1:6 (R.V. 1960)

∽

¿Es Jesús tu Señor y Dios? ¿Tú quieres que lo sea? Si es así, ora la siguiente oración:

"Querido Jesús, Me arrepiento de mis pecados. Yo confieso con mi boca que Jesús es Señor. Yo creo en mi corazón que El murió por mí y que Dios lo resucitó de entre los muertos. Y me comprometo a obedecerle el resto de mi vida."

¿Estas siendo atormentado como yo lo había sido? ¿Has

sufrido abuso mental o físico? Es el diablo que hace todas estas cosas en contra tuya. El plan del diablo es robarte, matar tu alma y destruir tu vida, para que nunca experimentes la vida real y alegría verdadera. Si quieres cumplir tu propósito de vivir para construir el Reino de Dios, clama al Señor Jesús ahora mismo Él l te ayudara porque Él te ama y Él quiere que vivas una vida fructífera.

3

MATRIMONIO

"Yo planté, Apolos regó, pero el crecimiento lo ha dado Dios"
1 Corintios 3:6, RVR 1960

Después de terminar la escuela de ingeniería, conseguí un trabajo respetable en una empresa de tecnología. Pero mis padres estaban preocupados, me estaba haciendo mayor y seguía soltera.

Un código estricto de conducta rige el matrimonio en India. La tradición de matrimonios concertados todavía se practica ampliamente. En un matrimonio concertado, los padres encuentran una pareja adecuada para sus hijos a través de agentes matrimoniales suena como una transacción de negocios, y en su mayoría eso es. Además, un joven y una joven solo se pueden casar dentro de sus castas (agrupación social).

Yo sabía que estaba obligada a casarme con un hombre que mis padres aprobaran. Por supuesto el necesitaba ser de la misma casta, saludable, financieramente estable, y de una familia excelente. Sin embargo, mis padres fueron amables y me dieron la opción de escoger entre los posibles novios que habían aprobado previamente. Ya que esta era nuestra costumbre, no me opuse al arreglo. No me casaría con un hombre fuera de mi casta para ganarme el amor de mis padres.

Durante este tiempo, aunque amaba profundamente al Señor Jesús, tenía un sentimiento de culpa por haber deshonrado a mis padres al no seguir los caminos de los dioses ancestrales a los que ellos servían. Creía que el abuso del que había sido víctima, además de mi estilo de vida salvaje, había hecho aún más difícil que mi familia me amara. Después de revelar el abuso a mis padres cuando estaba en la escuela secundaria, ellos entendieron como había sufrido a manos de mis abusadores. Pero ellos no sabían que hacer, tampoco yo. La terrible tensión entre mi familia y yo estaba presente. Creía que podía deshacer la vergüenza y hacerles feliz para siempre casándome con un hombre que mis padres aprobaran y que mi obediencia me devolvería el honor y la felicidad que me habían robado.

En secreto, planee decirle al posible novio que yo seguía solo al Hombre-Dios Jesús – no a los dioses ancestrales a los que servía mi comunidad. No quería mentir ni engañar al posible novio. Yo continuaría con el matrimonio solo si él accedía a casarse conmigo después de enterarse de mi creencia en el Hombre-Dios, Jesús. Si no, esperaría a otro. Mirando en retrospectiva puedo ver como el Señor Jesús uso mi plan ignorante para encontrarme. Y una vez más encontré su misericordia y bondad. En este periodo de espera, El Señor Jesús gradualmente me recordaba de las oraciones que solía hacer y como Él las había respondido. Mi corazón fue movido por el señor Jesús para comenzar a orar por mi futuro esposo. Él me dirigió a un versículo en la Santa Biblia. "Tarde y mañana y a mediodía oraré y clamaré, Y él oirá mi voz." (Salmo 55:17) estas palabras golpearon mi corazón. Empecé a orar cada día para que mis padres encontraran un buen esposo para mí.

Me detenía diligentemente para orar en el baño del trabajo por la mañana, al mediodía, y por la noche. "Señor Jesús en tu Santa

PETRA P.

Biblia, Tú dices que Tú nos escuchas cuando clamamos en la mañana, al mediodía y por la noche, por eso te pido a gritos que me des un buen esposo. Muchos en mi comunidad no creen que yo soy digna de algo bueno debido a mi corrupción, pero Tú me salvaste. Ahora, por favor, ayúdame nuevamente. Tú eres el único que puede ayudarme. Gracias Señor Jesús". Con su ayuda, ore esta oración cada día, con fe y desesperación. En este proceso de oración, yo estaba conociendo más acerca del Señor Jesús. Me conmovió como en repetidas ocasiones me encontró y me guió por los caminos de vida. Él movió mi corazón para orar, me guió a las escrituras sobre su bondad, me dio fuerzas para orar y luego contestó mis oraciones. Verdaderamente, sentí que todo comenzaba y terminaba con el Señor Jesús.

Llego el día en que mis padres encontraron un novio adecuado, mirando en retrospectiva, él fue la respuesta precisa a mis oraciones al Señor Jesús. Al principio no parecía una victoria. Pero ahora veo el hermoso tapiz que el Señor Jesús estaba tejiendo en mi vida, una oración respondida a la vez. Una llamada telefónica fue preparada con el posible novio y nerviosamente le dije la verdad "Yo no sigo a los dioses de nuestros ancestros. Yo soy una seguidora del Hombre-Dios Jesús." Él me respondió alegremente. "no hay problema. Yo soy ateo. Adora a los dioses que elijas. No me importa". ¡Su respuesta me sorprendió! Me alegró mucho haber sido honesta con él y me había dado la libertad de adorar al Señor Jesús. Después de la conversación telefónica, yo dije "Si" a mis padres y la fecha de la boda fue establecida. Mi madre se sintió muy aliviada porque mi soltería era muy duro para ella.

Durante los meses de espera para nuestra boda, mi prometido y yo tuvimos largas conversaciones telefónicas y desarrollamos una especie de amistad, aunque éramos extraños. Él vivía y trabajaba en los Estados Unidos y ahí es donde viviríamos después de casarnos. Sabía muy poco acerca de los Estados

CASA SEGURA

Unidos aparte del conocimiento que tenía a través de los programas de televisión americanos. Vi la libertad que tenían los americanos para expresar sus creencias, así que estaba emocionada de poder vivir en esa tierra donde también yo podría expresar libremente mi amor y adoración al Señor Jesús.

Como es costumbre en mi país nuestro compromiso oficial se fijó tres días antes de nuestra boda. Mi prometido voló a la India para las festividades. Esta fue la primera vez que lo vi en persona. Cuando lo vi por primera vez, reconocí un quebrantamiento en él, algo que yo entendía. De alguna manera, sentí que podíamos ayudarnos el uno al otro. Cuando nos conocimos en persona, no nos importó si nuestra apariencia física era atractiva porque había un acuerdo verbal vinculante en India para casarse, y romper este voto avergonzaría a nuestras familias.

Las bodas indias pueden ser muy divertidas, pero también pueden ser largas y laboriosas. Cuando llegó el día de nuestra boda. Mi madre estaba abrumada y nerviosa. Todo el peso de los preparativos de la boda recayeron sobre ella. Pero ella hizo todo el trabajo con alegría creyendo que mi futuro sería más brillante. Estaba agradecida y vi cuanto me amaba mientras se dedicaba a preparar cada detalle de acuerdo con lo planeado. La ceremonia comenzó. Se realizaron todos los ritos de los dioses de mis padres. Para mi sorpresa, no fue un día alegre. Fue uno de los días más solitarios de mi vida. Me estaba casando con un perfecto extraño y participando en rituales que no glorificaban a mi Señor Jesús. En lugar de alegría, estaba triste y desconsolada, pero el Señor Jesús estaba allí durante todo el proceso. Él nunca me dejo. Estaba agradecida de que mi nuevo esposo estuviera de acuerdo conmigo acerca de mi servicio al Señor Jesús. Pero también estaba preocupada acerca de casarme con alguien que no le servía. No sabía lo que me esperaba.

Los dos volamos de regreso a los Estados Unidos después de la boda con todas las bendiciones de nuestros padres. Era la tierra de la libertad, pero yo estaba muy aterrada para disfrutarlo. Mis sueños de venir a una nueva tierra para adorar al Señor Jesús libremente fueron reprimidos por mi miedo a la nueva relación y la nueva cultura. También experimente una intensa nostalgia por mi país.

A medida que mi esposo y yo nos fuimos conociendo poco a poco, descubrimos cuan quebrantados estábamos los dos. Fue intenso y emotivo. Ambos necesitábamos sanación y liberación de nuestro pasado traumático. Además de esto, él era ateo y yo era una seguidora de Jesús, una Cristiana! Ambos luchamos para que nuestro matrimonio funcionara por el bien de nuestras familias. Milagrosamente un afecto fue creciendo entre nosotros.

Afortunadamente, después de unos meses, descubrí un lugar donde los seguidores del Señor Jesús se reunían semanalmente para aprender sobre Él y adorarlo a través de la alabanza y el baile. A través de un predicador que yo había visto en televisión encontré este lugar, llamado "iglesia". Allí encontré nuevos amigos y un gran gozo. ¡Allí! Por primera vez en mi vida, me sentí segura. Y mi esposo fue muy gentil. Él me llevaba a la iglesia cada semana. Él me esperaba afuera hasta que terminara para llevarme a casa.

Manejamos nuestro dolor de manera diferente. Mi quebrantamiento me empujo al Señor Jesús para sanación. Leí la Santa Biblia con voracidad para encontrar liberación. Mi esposo escogió el camino del alcoholismo y la nicotina para enterrar su dolor.

Mientras buscaba al Señor Jesús por ayuda para nuestra relación. Él me mostro el camino, una vez más me recordó orar. Esta vez ore por mi nuevo esposo y por mí. Ore para que mi esposo experimentara la bondad del Señor Jesús tal como yo lo había experimentado. Las palabras de la Santa Biblia "Cree en el Señor Jesús y será salvo junto con todos en tu casa" (Hechos de los Apóstoles 16:31) quedaran grabadas en mi corazón. Con esta promesa en mente, ore por la salvación de mi esposo con una nueva pasión. Y compartí mi testimonio con él de como en Su bondad El Señor Jesús me salvo repetidamente de muchas pruebas.

¡Dios respondió a mi clamor! Mi esposo encontró al Señor Jesús a través de un encuentro divino y milagroso. Los detalles alrededor de este momento es su historia que él puede contar, no la mía. Llevábamos dos años y medio de casados cuando él conoció al Señor Jesús. El amor entre nosotros fue creciendo mientras éramos sanados y éramos liberados.

Después del momento de rendición de mi esposo, me di cuenta de que el Señor Jesús no quiere que ninguno perezca. El Señor Jesús quiere que cada persona en el mundo sepa cuanto Él los ama y Su deseo de que cada uno de nosotros venga a conocerlo a Él. Mi esposo y yo estábamos llenos de gran esperanza de que nuestras vidas cambiarían para mejor. Mire al futuro con gozo y un sentimiento de libertad que nunca antes había sentido.

～

¿Tienes seres queridos que no siguen al Señor Jesús? Ora con fe que Dios escuchara tu clamor. ¡Él escucho el mío! Intercede por tus seres queridos. Ora para que ellos encuentren el camino de la oscuridad a la luz y que aquellos perdidos en su pecado busquen al Señor Jesús. Pide que el Espíritu Santo de Dios susurre en sus corazones y los acerque a Él. Ora para que se arrepientan de sus pecados y se vuelvan al Señor Jesús, llevando una nueva vida de pureza. ¡Dios es fiel!

4
AMOR PERFECTO

"A los cielos y a la tierra llamo por testigos hoy contra vosotros, que os he puesto delante la vida y la muerte, la bendición y la maldición; escoge, pues, la vida, para que vivas tú y tu descendencia"
Deuteronomio 30:19 RVR 1960

Después de que mi esposo fue salvo, nuestras vidas comenzaron a mejorar. Nosotros íbamos a la iglesia juntos y al leer la Biblia aprendimos los caminos del Señor Jesús y aplicábamos lo que aprendíamos. Teníamos mucho que aprender, pero el Espíritu Santo estaba con nosotros ayudándonos en el camino.

Aprendimos que Dios quería sanar nuestros corazones del trauma; Él quería que tuviéramos un matrimonio unido, lleno de gozo y además quería liberarnos de las fortalezas demoníacas. Mientras estudiábamos la Biblia y participábamos en la iglesia, el Espíritu Santo nos corregía gentilmente, nos amaba y disciplinaba.

La lección más importante que aprendimos fue el arrepentimiento. Si recuerdas, el pecado es un acto inmoral que es una transgresión contra Dios. El pecado abre las puertas en nuestras vidas, permitiendo que el demonio nos robe, nos mate y nos destruya. Pero el Señor Jesús pago el precio por nuestros pecados, restaurando nuestra relación con el Dios Padre. A través del Señor Jesús, nuestros pecados son perdonados. Él limpia nuestras cuentas y no recuerda más nuestras transgresiones.

Sin embargo, para recibir el regalo del perdón de nuestros pecados, debemos *arrepentirnos*. *Arrepentimiento* es el acto de reconocer tus pecados, expresando remordimiento por tus maldades y elegir no pecar más. Se trata de cambiar la forma en que te comportas. Como seguidores del señor Jesús, arrepentirse significa dejar atrás tu comportamiento mundano, egoísta y caminar en Su camino, no en los tuyos. Uno no puede hacer esto sin la ayuda del Espíritu Santo.

El Espíritu Santo es misericordioso, él es quien nos ayuda a ver nuestro pecado, ha arrepentirnos rápidamente y volver al camino, siguiendo los pasos del Señor Jesús. El Espíritu Santo nos da poder para cerrar puertas en áreas que hemos dado acceso a los demonios a través de nuestra conducta, egoísmos y falta de perdón. ¡Mi esposo y yo estamos agradecidos por la ayuda poderosa del Espíritu Santo!

La historia que ahora les contare es sobre cómo El Espíritu Santo me ayudo a cerrar una puerta que sin saberlo había abierto a los poderes demoniacos. Aproximadamente dos años después de mi matrimonio, el Espíritu Santo me hablo a través del siguiente versículo.

"A los cielos y a la tierra llamo por testigos hoy contra vosotros, que os he puesto delante la vida y la muerte, la bendición y la maldición; escoge, pues, la vida, para que vivas tú y tu descendencia."
Deuteronomio 30:19

El temor de Dios me llenó cuando escuche estas palabras. Sabía que Dios me estaba hablando de mi vida y las generaciones venideras. ¡Sorprendentemente, días después supe que estaba embarazada de nuestra primera hija! Mi esposo y yo estábamos emocionados con la esperanza de tener una bebé. Pero estaba nerviosa acerca de cómo criar y proteger a un niño en este mundo.

Cuando comenzamos a prepararnos para nuestra pequeña, fui a ver a mi médico para que me hiciera un análisis de sangre y revisara la salud de la bebé. Los resultados de mi prueba regresaron indicando niveles bajos de hormonas. El médico me hizo saber que había una alta probabilidad de que abortara a la bebé. Aunque el médico me dio el diagnostico, yo sabía lo que el Señor me había dicho a través de la escritura que yo había leído en Deuteronomio. Para que mi bebe viviera, necesitaba dejar de asociarme con el pecado y *elegir la vida.*

El Espíritu Santo me reveló que yo estaba pecando a través de una amistad masculina que había continuado incluso después de mi matrimonio. Tuve muchas conversaciones largas con este amigo. Como resultado de esta amistad formé lazos emocionales impíos con este hombre. El abuso de alcohol de mi esposo y a veces su actitud fría e indiferente hacia mí me hizo sentir justificada para conectarme con este viejo amigo. Parecía apreciarme de una manera que mi esposo no lo hacía.

El Señor Jesús enseñó, "Pero yo os digo que cualquiera que mira a una mujer para codiciarla, ya adulteró con ella en su corazón" (Mateo 5:28). La Biblia también dice "Y no hay cosa creada que no sea manifiesta en su presencia; antes bien todas las cosas están desnudas y abiertas a los ojos de aquel a quien tenemos que dar cuenta" (Hebreos 4:13) El Espíritu Santo me revelo que yo estaba cometiendo adulterio en mis pensamientos, mis ojos y mis conversaciones.

Nadie puede esconderle nada a Dios. El Señor Jesús, El Amante de mi alma, me advertía como el adulterio causa la muerte. En el fondo sabía que mis malos deseos me habían atraído y tentado. Jesús me estaba llamando a vivir en la misma santidad en la que Él vive (1 Pedro 1:16). El pago el precio de mi pecado y fracaso mora. Me dio el poder moral para vivir en integridad y pureza en lugar de pecar. Cuando el Espíritu Santo puso en mi corazón el elegir las bendiciones de vida de Dios para que mi hija pudiera vivir, yo sabía que debía terminar la relación y confiar en el Señor Jesús con todo mi dolor no solo con una parte de él.

En sometimiento y rendición al Señor Jesús corte lazos con ese hombre y deseche todo lo relacionado con mi pasado pecaminoso. Con la ayuda del Señor Jesús, me arrepentí de mis pecados y le pedí que tuviera misericordia de mí y de mis hijos. Como la Biblia dice "Si confesamos nuestros pecados, él es fiel y justo para perdonar nuestros pecados, y limpiarnos de toda maldad" (1 Juan 1:9).

Después de terminar y ser libre de esta amistad masculina, fui al médico para una prueba adicional. Milagrosamente los resultados mostraron que mis niveles hormonales eran normales. El médico dijo que la bebé estaba creciendo y parecía saludable. Estaba tan agradecida de que el Señor Jesús había salvado a mi bebe.

Nuestra bebita es un regalo de Dios. Ella nació saludable, hermosa y fuerte. Sabía que no la merecía, pero por la misericordia de Jesús, mi esposo y yo estábamos profundamente bendecidos.

Esta experiencia difícil me enseñó que el Señor Jesús es el unido Dios justo. Me guió por el camino de la justicia (vida moralmente correcta) por amor a Su nombre (Salmo 23:3). En la Santa Biblia, el Señor Jesús es honrado con muchos nombres. Uno de sus nombres es Jehová Tsidkenu, El Dios de justicia.

Llegue a conocer esta parte del Señor Jesús personalmente a través del nacimiento de nuestra primera hija.

LIBRE DEL MIEDO

Después del nacimiento de nuestra hija, sufrí de no dormir bien. El miedo constantemente de que alguien me atacaba, me mantuvo despierta o sobrealerta. Sufrí de terrores nocturnos, sueños sexualmente perversos y una sensación de desastre y perdición inminentes. Ahora que tenía una bebé que cuidar, temía aún más por su vida. Una vez más sentí la presencia de las fuerzas del mal.

A pesar del miedo paralizante, sabía que podía ser libre porque la Biblia dice: "En el amor no hay temor, sino que el perfecto amor echa fuera el temor; porque el temor lleva en sí castigo. De donde el que teme, no ha sido perfeccionado en el amor" (1 Juan 4:18). Busque al Señor Jesús en oración para que me ayudara a conocer Su amor perfecto para poder estar totalmente libre del tormento y el miedo persistente del abuso de mi traumática infancia. El Señor Jesús nunca falla y vino ayudarme nuevamente.

Asistí a un servicio de sanación llamado *Camino Antiguo* en mi iglesia. Este servicio estaba diseñado para ayudar a las personas a recibir sanación interior de traumas de la niñez. ¡Justo lo que necesitaba! Durante una reunión de un estudio bíblico, compartí mi historia de abuso. Mientras contaba mi historia, El Señor me revelo dos incidentes que me hicieron creer mentiras sobre mí misma. Creer estas mentiras le dio poder al diablo para sentarse a mi mesa y atormentarme con una gran confusión de miedo y dolor.

La primera mentira que creí fue cuando el demonio me hablo a través de un pariente. El pariente dijo que yo era maldita y que el abuso que sufrí era el resultado de eso. Creí esas palabras y estaba destrozada. Creía que estaba destinada a vivir una vida de tormento. La segunda mentira que creí fue que nadie vio por mi o se preocupó por mí. Esta mentira surgió cuando una pariente vio que era abusada y desvío la mirada.

Las familias en India duermen juntos. A menudo pretendía estar dormida mientras estaba siendo abusada hasta que terminaba. Una noche en casa del pariente, abrí parcialmente mis ojos para ver si alguien estaba despierto para ayudarme. Vi a la esposa del hombre que abusaba de mi mirándonos. Ella volvió su cara y no hizo nada. Voces diabólicas comenzaron a susurrarme que a nadie le importaba lo suficiente como para ayudarme y que yo era invisible. Sentí que era verdad. Y creí la mentira.

Para destruir las mentiras que creí toda mi vida, El Señor Jesús uso al líder del estudio bíblico para guiarme. El líder dijo "Petra, Sus ovejas escucharan Su voz (Juan 10:27). Pregúntale al Señor Jesús donde estaba Él cuando tú eras abusada."

Desesperadamente quería escuchar Su respuesta. Mientras cerraba los ojos le hice la pregunta mientras los demás en mi grupo esperaban pacientemente a que yo recibiera mi respuesta. La fe del líder de grupo y los mientras del estudio bíblico más mi desesperación, abrieron los cielos y El Señor Jesús de repente apareció en la visión.

En esta visión, vi a mi abusador abusándome. Y vi al Señor Jesús llorando y diciendo "Te veo. Mientras ellos abusan de ti, ellos abusan de mí. Yo sentí tu dolor.

Jesús lloro y yo llore.

Aunque había creído en el Señor Jesús me preguntaba por que Él (Siendo Dios) no detuvo el abuso. ¡Yo no entendía como Él podía permitir tal sufrimiento! Si fuera honesta, parecía que Él era similar al miembro de la familia que me vio y volteó la cara.

Ahora, saber que el Señor Jesús lloro y soporto personalmente el dolor de mi abuso fue un bálsamo sanador para mi corazón herido. Hasta el día de hoy, cuando leo o escucho las palabras *"Yo te veo"* siento Su amor perfecto. ¡O como Él rompió las cadenas de la esclavitud!

Esas palabras quitaron físicamente la profunda ofensa que yo tenía hacia Dios y los hombres. Una explosión ocurrió en mi espíritu, dejándome completamente deshecha.

¿Porque estas simples tres palabras, "Yo te veo" rompió mi esclavitud? Es porque las palabras tienen peso. Déjame explicarte. Hay un libro que se llama Sentado a los Pies del Maestro Jesús escrito por Lois Tverberg. La autora explica como la frase "El Señor te verá" se traduce del hebreo a "El Señor proveerá"

Cuando el Señor Jesús vio mi abuso, se activó Su plan para salvarme, rescatarme y proporcionar una salida. Cualquiera que sea la situación Él ve, Él proporcionará un camino hacia la sanación, la libertad o la salvación. Él provee a través de Su amor perfecto. Sus palabras tienen poder de romper la noche más oscura. Sus palabras son una luz brillante que expulsa y destruye las fuerzas oscuras. ¡Sus palabras abren las puertas de prisiones que ningún hombre puede abrir! Él es "El Roi" el Dios que ve. Él vio y me rescato.

Con esta revelación, rompí el convenio con las mentiras que había creído. Yo declaré que fui vista y cuidada. Yo declaré que era una hija amada de Dios y bendecida. ¡Yo no estaba maldita o invisible!

Creer la verdad le dio paz a mi corazón. Dormí esa noche profundamente, confiando en el señor Jesús que me protege a mí y a mi familia. Él da sueño a los que ama. (Salmos 127:2)

Esto también llevó a mi esposo y a mí a perdonarnos y comencé a ver a mi esposo como lo ve el Señor Jesús. Por supuesto, nuestro matrimonio como todos los matrimonios es un trabajo en progreso. Pero a medida que juntos buscamos al Señor Jesús en oración, más a menudo el egoísmo no asoma tanto su cabeza fea. Sirviéndonos activamente el uno al otro en amor a través de nuestras palabras y acciones hacen de nuestro hogar un lugar más saludable y pacífico.

Aunque mi abuso fue cruel y atroz, el Señor Jesús usó lo que el enemigo entendía por mal para mi bien. Soy la primera en mi familia en llegar a conocer al Señor Jesús. Me salvo de una vida de condenación y me envió como pionera. Me rescato de mi pecado y protegió la vida de mi bebé.

∼

TODA PERSONA QUE INVOQUE EL NOMBRE DEL SEÑOR JESÚS SE SALVARA DE LA MUERTE ETERNA. ¡Él ve todo y proveerá un camino para cada situación para aquellos que se humillan y arrepiente! Él es el único camino a Dios Padre. Yo estoy eternamente agradecida con el Señor Jesús.

5
UNA FAMILIA LIBERADA

"Pedro se acercó a Jesús y preguntó: Señor, ¿cuántas veces tengo que perdonar a mi hermano que peca contra mí? ¿Hasta siete veces? No te digo que, hasta siete veces, sino hasta setenta veces siete[a]—contestó Jesús"
Mateo 18:21-22, NIV

En el transcurso de los siguientes cinco años, el Señor Jesús disolvió gradualmente el aguijón de mi pasado. Aprendí a vivir libre del miedo atormentador. Mi esposo y yo fuimos bendecidos con el nacimiento de otra hija que nos trajo mucha alegría. La vida era dulce y los días preciosos. Tranquilamente, me adapte a la maternidad y al cuidado de mis bebes y mi esposo. Cuando mi primera hija nació, di tutorías a dos estudiantes de secundaria que tenían dificultades con matemáticas, con mi ayuda ellos se graduaron.

Después de un tiempo el Señor Jesús me dijo que quería que yo enseñara. Para esto primero tuve que ir a la escuela de posgrado y obtener una maestría en educación. Honestamente luche en contra de esta idea con uñas y dientes. Quería conservar mi título de ingeniero y mis habilidades por si algo sucedía en mi matrimonio yo tranquilamente pudiera mantenerme. El Señor Jesús no le gusto esta idea. (Independencia nunca es la mejor opción para Dios. Él quiere que necesitemos a otros y que otros nos necesiten. Estamos creados para vivir en familia y en comunidad.)

Mientras luchaba por convertirme en una profesora de matemáticas y sacrificar mi carrera de ingeniería, me di cuenta de que todavía tenía mucha rabia hacia un familiar que me hizo daño. Mientras pensaba en ello, me di cuenta de que yo sentía esta rabia porque este hombre debió protegerme, no robarme. Él debía ser el vigilante de mi vida, no el ladrón.

Nuestras vidas son como ciudades. Una ciudad es protegida por un vigilante quien vocea cuando el ladrón viene, para prevenir a los ciudadanos del peligro. En nuestras vidas nuestros padres, familiares y hermanos están llamados a ser nuestros centinelas, velando, protegiendo y advirtiéndonos cuando el peligro acecha. Los centinelas de mi vida no supieron cómo protegerme. Algunos de ellos terminaron asociándose con el mal para robarme. El hombre con el cual estaba tan enojada por deshonrarme en lugar de protegerme.

Mientras estaba lidiando con estas emociones de ira y dolor, escuche al Espíritu Santo decir: "Es hora de que tú vayas a la India y le digas a este pariente que lo has perdonado por el Señor Jesucristo." ¡Para obedecer a mi Señor y Salvador, reserve un vuelo a la India lo antes posible!

Viaje con mi hija mayor que tenía cinco años en ese tiempo. Mi esposo se quedó en casa para cuidar a nuestra pequeña que tenía 9 meses. Cuando bajé del avión, me di cuenta de lo diferente que era India. O tal vez yo era la que había cambiado. Mis padres estaban bendecidos al verme. Ellos me recogieron del aeropuerto y viajamos a casa, todos hablaban al mismo tiempo.

PETRA P.

Mientras miraba por la venta del coche, India se sentía claustrofóbica y abrumadora, como si se hubiera encogido. Los edificios que me parecían enormes de pequeña, ya no lo eran tanto. Traté de no sentirme abrumada, pero era difícil. Estaba tratando de prepararme para hacer lo que el Señor Jesús me había pedido.

Uno o dos días después de mi llegada a la India, el pariente vino a la casa de mis padres para saludar. Mis padres le dieron la bienvenida y lo sentaron en la sala frente a mí. Estaba lista para compartir la buena noticia acerca de mi libertad y liberación a través del Señor Jesús, pero en el momento en que lo vi, la ira y el dolor que tenía dentro estallaron con gran fuerza. La traición y el abuso se cernían sobre mí. Fui directo al grano y lo confronté. Me miro y me dijo que le fallaba la memoria y que no recordaba haberme hecho daño. Su falta de reconocimiento sobre su comportamiento dañino solo agregó combustible a la ira que ardía dentro de mí.

En ese momento exacto, el tiempo se detuvo. Escuche la voz audible de Dios.

Mientras estaba sentada en la sala de mis padres con este pariente sentado directamente en frente de mí, el Espíritu Santo reprodujo una película de toda mi vida en mi mente. No fue mi imaginación. Este fue un encuentro real con Dios sobre el cual yo no tenía control.

Yo vi los pecados innumerables que había cometido. Vi el constante perdón que el Señor Jesús me extendió. Al ver como se desarrollaba mi vida, me sentí abrumada por un profundo arrepentimiento por mis actos pecaminosos. La ira que sentía ardiendo en mi vientre se desvaneció lentamente. Entonces escuché al Señor Jesús decir: *"No olvides que te lavé de todos tus pecados y que te vestí con rompa limpia. Perdónalo como tú has sido perdonada. Yo lo amo. Compártele las buenas nuevas del evangelio."*

Lloré incontrolablemente. El amor profundo y sacrificado que el Señor Jesús - quien no conoció pecado – tenía hacia mi pariente y hacia mí, era más de lo que yo podía soportar. Sabía que debía perdonar como el Señor Jesús me había perdonado. En voz baja pronuncie las palabras "te perdono". Inmediatamente, Sentí las cadenas que me esclavizaban al pasado romperse de una vez por todas. La rabia al rojo vivo y la ira huyeron de mi como paja arrebatada por un viento fuerte. A través de los ojos del Señor Jesús vi a mi pariente como Dios me vio a mí. Aunque parecía imposible momentos antes, mi corazón se llenó de compasión hacia él.

Con lágrimas corriendo por mi rostro, compartí el evangelio del Señor Jesús y le dije cuanto Dios lo amaba. Le pedí que clamara al Señor Jesús para que Él perdonara sus pecados. Le pedí que se arrepintiera y compartí sobre la eternidad y como era su decisión elegir al Rey de Reyes o eterna condenación. Después de compartir salí de la habitación para componerme. No tengo idea de lo que pensó este pariente sobre lo que había sucedido, pero sabía que mi trabajo había terminado. Él se quedó con mis padres durante varias horas antes de despedirse. Mi misión estaba completa. Al final de mi viaje, deje la casa de mis padres con paz en mi corazón. El evangelio fue compartido y cumplí las ordenes de mi Señor Jesús.

El amor verdadero requiere libre albedrio para elegir amar. El señor Jesús nos da a cada uno de nosotros la opción de amarlo y ser amados por Él. ¿Cómo puede ser amor cuando no hay opción? Tres años después de este encuentro, me enteré de su fallecimiento. No sé si aceptó al Señor Jesús o no, pero sé que se le dio la opción de elegir.

De la misma manera en que fui liberada por el Señor Jesús - *que ve, El Roi*, - del tormento del abuso, así llegué a conocer al Señor Jesús durante esa época como el Dios del Perdón, *Elohim*

Selichot, el Dios de mi Salvación, *Elohim Yishi* y El Dios de dioses, *El Elim.*

Como los centinelas en mi vida fallaron, ¡el Señor Jesús se convirtió en mi centinela, mi Protector, mi Albañil, mi Perdonador y finalmente mi Salvador! Como dice la Santa Biblia:

> *"Yo Jehová la guardo, cada momento la regaré;*
> *la guardaré de noche y de día,*
> *para que nadie la dañe."*
> Isaías 27:3

∾

El tiempo que pasé en la India fue un bálsamo curativo para mi alma. La revelación de la misericordia del Señor Jesús aumento mi fervor para orar para que mi madre y padre lo conocieran. Para ese entonces, mis padres ya habían aceptado mis creencias, pero no estaban contentos con ello. Por supuesto, se alegraron de ver los cambios positivos en mi comportamiento y como mi calidad de vida había mejorado, pero no captaron que estos cambios se debían a mi relación con el Señor Jesús.

Ore por la salvación de mis padres con mis amigos cada jueves. Durante uno de esos momentos de oración, mi madre llamó presa del pánico. Los médicos de mi padre acababan de diagnosticarle un cáncer cerebral en etapa 4 que se estaba propagando agresivamente. Fue una noticia devastadora. Con mucho dolor en mi corazón, busque dirección en el señor Jesús. Le oí claramente decir, "Esto no será mortal". Me sentí gratamente aliviada. Una de mis amigas que oraba fielmente por la salvación de mis padres confirmó la palabra que recibí sobre el pronóstico de mi padre. El señor Jesús también le había dicho que mi la hora de mi padre todavía no había llegado.

Compartí la noticia con mi familia y anuncie que mi padre no moriría de inmediato. Algunos de mis familiares que eran médicos no lo podían creer. Habían estudiado los escáneres cerebrales y conocían la extensión del cáncer. Ellos no tenían ninguna esperanza, pero por respeto no dijeron nada.

A pesar de su incredulidad, el Señor Jesús fue fiel a lo que me dijo, porque Él no es hombre para que mienta (Números 23:19) Los médicos de mi padre le dieron seis meses de vida. Tratamientos intensivos comenzaron. Los seis meses vinieron y se fueron. ¡Y milagrosamente en lugar de morir como ellos predijeron, los doctores declararon que mi padre estaba libre de cáncer! Este informe nos trajo a todos una gran sorpresa y alivio. Alabé a Dios cuando escuché el informe. El Señor Jesús cumplió su palabra.

Mi padre sano y salvo, me dijo que quería visitarme en los Estados Unidos. Compro boletos para él y mi madre. Él amaba los Estados Unidos, donde todo era limpio, tranquilo, la gente obedece las reglas y nadie lo molestaba. El sintió una sensación de libertad en los Estados Unidos. El único problema fue que su espalda estaba en mal estado debido a las terapias de radiación (esto había dañado sus discos). Por el dolor era incomodo estar sentado por largas horas.

El viaje de la India a América dura 18 horas con varias escalas prolongadas. Le dije a mi padre que rezaría para que no le doliera la espalda durante el largo viaje. El Señor Jesús me dio fe para creer que mi padre viajaría sin dolor.

Mis padres subieron al avión cuando llegó el día del viaje. Después de todo un día de viaje, llegaron al aeropuerto de los Estados Unidos, donde yo estaba esperando para recibirlos. Vi a mi padre caminando hacia mí y se me partió el corazón. El tratamiento contra el cáncer lo había envejecido. No se parecía al hombre robusto que conocí. Sin embargo, me alegro mucho de que estuviera vivo y de poder verlo en América, su lugar favorito.

En la recogida de equipajes. ¡Mi padre me dijo que no sintió dolor al estar sentado durante todo el viaje! Alabe al Señor Jesús, sabiendo que Él le dio la fuerza a mi padre para viajar y le quito todo dolor.

Durante el mes que mis padres se quedaron con nosotros, establecimos un ritmo dulce juntos como familia. Disfrutaron conociendo a sus nietas y visitando nuevos lugares. Hable con mi madre unas cuantas veces sobre el Señor Jesús, pero ella no quería oír nada sobre Él. Intente hablar con mi padre, pero el momento adecuado para compartirle sobre el Señor Jesús parecía nunca llegar. Hasta que, en una noche especial, mi padre estaba sentado a la mesa comiendo su cena. Le miré y vi el dolor en su rostro, su angustia y la búsqueda de amor en su alma. De niño mi padre tuvo una vida difícil, sin cuidados, ni amor. Era un hombre destrozado. Supe en mi corazón que tenía que hablarle de Dios Padre, que está en los cielos, que le amaba y que envió a su único hijo, a morir, para borrar sus pecados.

Caminé hacia mi padre y compartí el amor del Señor Jesús con él. Mientras escuchaba en voz baja, dijo, "me gustaría aceptar al Hombre-Dios Jesús como mi Señor y Salvador. Quiero recibir el amor del padre celestial." ¡Sus palabras me impactaron! había estado orando para que mis padres conocieran al Señor Jesús durante muchos años. ¡Escuchar de la boca de mi padre que quería caminar con el Señor Jesús fue sobrecogedor! Juntos en la mesa de mi cocina, él oró para aceptar a Jesús como Señor y Salvador.

Como está escrito en la Biblia, nadie puede venir al Señor Jesús a menos que el padre que está en los cielos, que envió al Señor Jesús, lo atraiga (Juan 6:44) mi padre fue atraído al Padre Celestial. Yo sólo fui la mensajera enviada para darle la buena noticia. Mi marido y yo celebramos la salvación de mi padre alabando a Dios. Nuestros corazones estaban llenos. ¡Una felicidad tan asombrosa llenó nuestro hogar!

Una vez de regreso en la India, mi papá se hizo un examen de rutina para detectar cualquier reaparición de células cancerígenas. El informe volvió mostrando células cancerígenas. En ese momento, el cuerpo de mi padre estaba demasiado débil para recibir más tratamientos de radiación. Busque a Dios nuevamente para que me guiara. Esta vez, sentí en mi corazón que mi padre iría a casa con el Señor Jesús.

Pasaron unos meses y mi padre dejó esta tierra hacia su hogar celestial donde no hay lágrimas, ni tristeza, ni dolor - sólo el amor de Dios Padre (Apocalipsis 21:4). Lo extraño muchísimo, pero mi corazón descansa sabiendo que está sano y salvo en el cielo. El Señor Jesús es fiel a Su palabra. Él es el Alfa (el principio) y el omega (el fin). Agradezco a Dios por la salvación de mi padre. Yo lo volveré a ver en el cielo, cuando termine mi trabajo en la tierra.

∼

¿Tienes familiares a quienes necesitas perdonar y compartir el evangelio? No olvides que el Señor Jesús te perdonó y te pide que perdones a los demás, así como tú has sido perdonado. Si sientes que el Espíritu Santo te convence de perdonar y compartir el Evangelio, ¡haz esta oración y obedece el mandato de Dios de compartir Su mensaje de salvación y libertad!

"Querido Señor,
te agradezco por el poder del perdón, y elijo perdonar a todos los
que me han lastimado. Ayúdame a liberar a [nombre de
cualquiera que te haya ofendido] y entrégalos a Ti (Romanos
12:19). Ayúdame. Bendice a los que me han hecho daño
(Romanos 12:14). Ayúdame a caminar en justicia, en paz y
alegría, demostrando Tú vida aquí en la tierra. Elijó ser

PETRA P.

bondadoso y compasivo, perdonando a los demás, así como tú me perdonaste a mí (Efesios 4:32). En el nombre de Jesús, amén" [1]

---

1. "Oraciones de perdón: Perdona a otros y tú serás perdonado." Christianity.com, acceso 16 de agosto del 2022, https://www.christianity.com/wiki/prayer/prayer-for-forgiveness.html

6

VESTIDOS BLANCOS DE LIBERACION

"Y mientras oraba, la apariencia de su rostro se transformó y su ropa se volvió blanca resplandeciente"
Lucas 9:29, NLT

En los inicios de mi caminar cristiano, el Señor Jesús me libró de muchos demonios y fortaleza. Sin embargo, algunas fortalezas mentales persistieron tercamente. A medida que maduraba como cristiana llena del Espíritu Santo yo necesitaba que estas fortalezas se fueran de una vez por todas. El espíritu de vergüenza era el peor.

LIBERACION DE LA VERGÜENZA

Un sábado por la mañana, mientras estaba ocupada cuidando de mis dos hijas y haciendo las tareas del hogar, yo seguía escuchando palabras en mi mente que decían que estaba sucia. Durante toda la mañana, recuerdos traumáticos de mi abuso infantil y mi estilo de vida salvaje me acosaban. Imágenes, conversaciones y malos recuerdos se entrecruzaban en mis pensamientos. Se sentía insoportable. Estaba desesperada buscando alivio. Los intensos recuerdos que rondaban por mi cabeza eran tan malos como el abuso que había sufrido cuando era niña. Pero el Espíritu Santo me ayudó a contraatacar estos pensamientos recordándome como las Escrituras nos enseñan a llevar cautivo todo pensamiento negativo y destructivo; ¡y que la sangre de Jesús nos limpia del pecado – de una vez por todas! [1]

Inmediatamente, declare estas verdades bíblicas en voz alta y con fe. Esta es una forma de guerra espiritual, la buena batalla de la fe. En medio de la batalla, tuve una visión. En la visión, vi entes malignos desnudarme ante una multitud de personas controladas por demonios. La multitud me pateaba y me golpeaba mientras me agachaba para ocultar mi vergüenza, miedo y para reducir el dolor de la paliza.

De repente apareció el Señor Jesús y se acercó a mí de entre la multitud, con un manto blanco en la mano. Era de un blanco puro y extraordinariamente hermoso. El Señor Jesús me envolvió con la túnica blanca cubriendo mi desnudez y se giró y se mantuvo erguido entre la multitud malvada y yo.

Cuando termino la visión, sentí que Su cubierta protectora me rodeaba. La valentía lleno mi alma y dije en voz alta, "Estoy vestida con el manto blanco de mi Señor Jesús. Espíritu de vergüenza, debes irte. No tienes hogar en mi en el nombre de Jesús." Inmediatamente, mi mente se aclaró. Sentí una liberación de los pensamientos y recuerdos atormentadores. Durante el resto del día, disfrute de Su amor y de la dulce victoria ganada por fin, después de una larga y dura batalla espiritual.

Aprendí una lección muy importante en esta batalla. Algunas formas de quebrantamiento como las heridas causadas por el abuso y el pecado tardan en sanar. Una ciudad no se puede construir (o reconstruir) de la noche a la mañana. Construir es un proceso.

LIBERACION DEL MIEDO A LA DESTRUCCION

El Señor Jesús fue fiel al ayudarme a reconstruir los múltiples muros que se habían derrumbado en mi vida. Una forma en que lo hizo fue ayudarme a vencer el miedo irracional al espíritu de destrucción. Después del nacimiento de mis hijas, los pensamientos de que mis hijas sufrirían el mismo abuso que yo había sufrido me aterrorizaban implacablemente. Me sentía impotente cuando estos pensamientos me asaltaban. Como resultado, me volví sobreprotectora y ansiosa. Me agoté tratando de protegerlas de todo y de cualquier cosa. Mis días estaban llenos de preocupación. Entonces recordé lo que la palabra de Dios dice en Juan 10:10 que el ladrón (el mismo diablo) viene solo a robar, matar y destruir. Pero El Señor Jesús ha venido para que yo tenga vida y para que la tenga en abundancia.

Cuando recordé ese versículo, esta verdad penetro mi alma. Me di cuenta de que el Señor Jesús no quiere que viva con temor constante a la destrucción, la perdida y el abuso. ¡Él quiere que viva con alegría y abundancia! Con esto en mente, oré por una vida feliz y la liberación de los espíritus que me atormentaban. Afortunadamente, el Señor Jesús escuchó y respondió mis oraciones rápidamente.

Una noche de tormenta, mientras los truenos retumbaban y la lluvia golpeaba nuestro techo, me senté a descansar después de acostar a nuestra bebé. Inmediatamente esos pensamientos de miedo y destrucción volvieron a mis pensamientos. Clame a Dios para que los detuviera. El Espíritu Santo trajo esta verdad de las Escrituras a mi corazón: *¡El mismo Espíritu de Dios que resucito a Jesús de entre los muertos vive en* *mí!*[2] En el instante en que estas palabras burbujearon en mi corazón, sonaron tan fuerte, que sentí como si todo el cielo había terminado con todo mi tormento. Una valentía volvió a surgir en mí y exprese: "Tengo el Espíritu de Dios en mí. Tengo la autoridad de Jesús sobre el enemigo. Reprendo y expulso al demonio de destrucción. ¡En el Nombre del Jesús, fuera!"

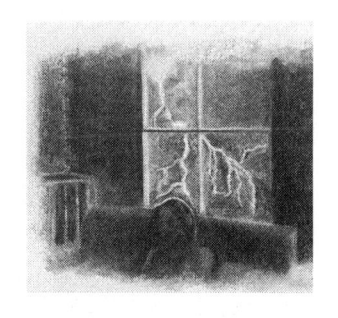

Después de ese momento, la paz de Dios me rodeó. Aprendí que el Señor Jesús es mi ayuda constante. Con el tiempo, Él me liberó una fortaleza a la vez y reconstruyó mis muros con la Palabra Viva de Dios. Llegue a comprender como vivir una vida gozosa y victoriosa a través de la ayuda activa y presente del Espíritu Santo. Él me equipó para luchar contra el enemigo con la Palabra de Dios, con visiones y revelaciones. A partir de ese día, peleé muchas batallas, pero peleé con la confianza de que la victoria ya era mía.

Las palabras en la Biblia no son solo palabras. Son vida para aquellos que creen. Esta escrito que la Palabra de Dios se hiso carme y habito en medio de nosotros.[3] La Palabra de Dios es el Señor Jesús Cristo.

Cuando estoy en batalla contra el enemigo, mi arma y mi estandarte es la Palabra de Dios. Imagina una guerra real donde los soldados de cada bando visten uniformes únicos con colores y banderas para representar a sus países. Marchan a la batalla bajo la bandera de su país. De la misma manera, cuando entro en el reino espiritual bajo el estandarte del Señor Jesucristo, todo demonio, sin excepción debe someterse a la autoridad de Dios.

LIBERACION DEL ESPIRITU DE TEMOR

Bajo el estandarte del Señor Jesús y con Su Palabra obtuve una gran victoria sobre el espíritu de temor. Este espíritu tenía sus tentáculos envolviéndome con tanta fuerza que creí que el miedo era parte de mi personalidad. Siempre he sido miedosa. Miedo de ser abusada. Miedo de ser separada de mi familia, miedo a los insectos, miedo a las alturas...menciona cualquier miedo, ¡a eso le tenía miedo! Pensé que así era como todos en el mundo vivían. Como una sombra, el espíritu de miedo se arrastraba sobre mi día y noche sin previo aviso. Cuando sentía su oscuridad sofocante, el Señor Jesús me recordaba Su Palabra como mi arma contra el miedo.

Una escritura a la que el Espíritu Santo me guio con frecuencia fue: "Resiste (al diablo) manteniéndote firme en la fe, porque entiende que la familia de los creyentes en todo el mundo está pasando por la misma clase de sufrimientos" (1 Pedro 5:9, NIV)

Tribunales del Cielo

Saber que mis hermanos y hermanas en el Señor Jesús sufrieron el mismo tipo de tormento, me hizo sentir que no estaba sola en la batalla. Sentí que el Espíritu Santo me guiaba a buscar testimonios de los seguidores de Jesús que habían superado el miedo. Una de las historias que leí fue la de una mujer que fue a los tribunales del cielo para obtener una orden de restricción contra los espíritus que le estaban causando enfermedades y tormentos. Honestamente, cuando leí su testimonio, tenía dudas, pero me intrigo. Parecía el intento desesperado de una mujer que deseaba tanto la libertad que invento todo el asunto de la corte celestial.

Sin embargo, yo también estaba desesperada, así que busqué en la Biblia cada referencia de "tribunales en el cielo" y encontré los siguientes versículos:

*"Estuve mirando hasta que **fueron puestos tronos, y se sentó un Anciano de días**, cuyo vestido era blanco como la nieve, y el pelo de su cabeza como lana limpia; su trono llama de fuego, y las ruedas del mismo, fuego ardiente. Un río de fuego procedía y salía de delante de él; millares de millares le servían, y millones de millones asistían delante de él; el Juez se sentó, y los libros fueron abiertos."*
Daniel 7:9-10, RVR

*"...Pero cuando el Juez ocupe su **trono se sentará y juzgara**..."*
Daniel 7:26 AMP

Cuando leí el versículo: "El Anciano de Días tomo asiento, los libros fueron abiertos y el tribunal se sentó a juzgar", mi corazón ardía de esperanza, vida y aliento. Entonces supe, sin lugar a duda, que había un tribunal real para oír acerca de asuntos espirituales en el cielo. También sabía que el Señor tenía autoridad para juzgar contra toda fuerza demoniaca en el cielo y en la tierra.

No sabía cómo acceder a la corte del cielo, así que se me ocurrió un plan. (Honestamente, creo que fue el Espíritu Santo quien me guio durante todo el proceso.) Había visto suficientes programas sobre crímenes en la televisión para saber como funcionan los tribunales en la tierra. Primero, tuve que reunir la ley y las evidencias para presentar mi caso al Señor Altísimo. Mi ley y evidencias provenían de la Santa Biblia. Me tomó unos días de investigación y estudio antes de que estuviera listo para orar en mi sala de oración.

Allí, cite las Escrituras en voz alta, recordándome a mí misma y al Señor Jesús que me estaba presentándome ante Su tribunal, para obtener una orden de reentrenamiento contra los demonios que me robaban la vida y el gozo.

Sabia por la Palabra de Dios que el Señor Jesús era mi defensor, mi abogado. Luego, presente mi caso: fui perdonada de mis pecados mediante la sangre del Señor Jesús. Yo era una nueva creación y cualquier pecado pasado que pudiera haber abierto la puerta a los espíritus malignos necesitaba ser cerrado debido a mi confesión, arrepentimiento y la sangre de Jesús que pago el precio por mis pecados. Después de exponer mi caso, declaré: "Pido ahora a los tribunales del cielo que juzguen contra estos espíritus malignos que me atormentan todos los días." Finalmente, yo visualicé la aprobación por la fe de la orden de restricción contra estos espíritus demoniacos y seguí con mi día.

Mientras se ponía el sol y se acercaba la noche, estaba nerviosa. Pero también esperanzada de que no seria atormentada. Por Su Gracia, Dios detuvo a los espíritus atormentadores. Dormí bien por la noche después de muchos meses de intermitente insomnio. La orden de restricción en el ámbito espiritual se convirtió en una realidad física para mí. Es un misterio maravilloso como las cosas en el mundo espiritual afectan el mundo natural. Puedo testificar que estos espíritus no me atormentan más. Y, cuando intentan regresar, declaro la orden de restricción de Dios, que milagrosamente aleja a estos espíritus.

A estas alturas, tú puedes ver el patrón de Dios capa por capa en la sanación y liberación. Él no quiere que vivamos en el engaño. Mas bien, Él quiere que vivamos en la luz de la verdad de quien es Él y para la cual nos ha creado. La Biblia dice: "Porque no nos ha dado Dios un espíritu de cobardía, sino de poder, de amor y de dominio propio" (2 Timoteo 1:7 RVC). La Palabra de

Dios también dice que "el amor perfecto echa fuera el temor" (1 Juan 4:18) estas Escrituras fueron lámparas para mis pies. Brillaron intensamente e iluminaron mi camino hacia la libertad del miedo.

En el momento en que fui salva, yo no sabía que me había unido a una gran familia de seguidores de Jesús y con Dios como nuestro Padre. El reino del Señor Jesús es un reino maravilloso. Estoy muy agradecida de que haya muchos hermanos y hermanas en todo el mundo que siguen al buen Señor Jesús y pelean la buena batalla de la fe.

~

¿Tienes algún caso que necesitas que Dios escuche en los tribunales del cielo? Recuerda, si eres cristiano eres una nueva creación.[4] Cualquier pecado pasado que haya abierto la puerta a los espíritus malignos deben cerrarse debido a tu confesión, arrepentimiento y la sangre del Señor Jesús que pago el precio por tus pecados. ¡Recuerda que el Señor Jesús es tu defensor, tu abogado! Después de presentar tus evidencias y la ley de la gracia en las Escrituras, declara con valentía y fe: "Pido a los tribunales del cielo que juzguen contra estos espíritus malignos que me atormentan todos los días." Finalmente, acepta la orden de restricción emitida por Dios contra estos espíritus por fe. Continua con tu día expectante de que Dios, el Juez Justo, ¡actuara en tu favor!

---

1. Ver 2 Corintios 10:5 y 1 Juan 1:7
2. Ver Romanos 8:11
3. Ver John 1
4. Ver 2 Corintios 5:17

7
LLAVES DEL REINO

"Te daré las llaves del reino de los cielos."
Mateo 16;19, NVI

El Señor Jesús está a la puerta de tu corazón. Él está tocando. Si escuchas Su voz y abres la puerta de tu corazón, Él entrará en tu corazón y cenará contigo.[1] Cuando era joven, abrí la puerta de mi corazón y recibí al Señor Jesús. Mi vida no ha sido la misma. Desde que Él se convirtió en el Señor de mi vida, he ido aprendiendo la verdad sobre mi verdadera identidad y mi propósito – quien soy, a quien pertenezco y para que fui creada.

En los primeros días de aceptar a Jesús como mi Señor, sentí una gran alegría. Sabía que si moría iría al cielo. Pero no podía imaginarme ser feliz en la tierra. Mi vida era muy dolorosa y difícil. Mi abuso era demasiado oscuro. No parecía posible vivir en este mundo como en el cielo.

En Mateo 6:10 El Señor Jesús nos enseño a orar. "Venga tu reino, Hágase tu voluntad como en cielo así también en la tierra." Esta oración nos dice que el pueblo de Dios puede traer el reino de Dios a la tierra. Pero para traer el cielo a la tierra, necesitamos las llaves que abren las puertas del reino de los cielos. Quiero hacer una distinción importante aquí. Cualquiera que crea que Jesús es el hijo de Dios y se someta a Su señorío cruzara las puertas de la salvación.

Jesús es el único camino para entrar al Reino de Dios.

No hay otra puerta o camino hacia el Reino de Dios que a través de la Sangre de Jesús. Sin embargo, una vez que entras al reino de Dios, hay otras puertas maravillosas que abrir. Quizás te preguntes, "¿Porque necesito abrir más puertas? ¿Porque no puedo estar contento de haber entrado al Reino de Dios?"

Es verdad, puedes entrar al Reino de Dios y simplemente estar feliz de haberlo logrado. Pero Dios nos llama a mucho más que la salvación. Nos creó con el propósito de hacer sus buenas obras. Mas importante aún nos creó para experimentar una relación íntima, alegre y hermosa con Él. Piénsalo de esta manera: Has sido invitado a vivir en una enorme mansión propiedad de Tu Padre Celestial. Le muestras al portero tu invitación (La oración de salvación) y él te deja entrar. ¿Te contentarías con pararte justo dentro de la puerta? ¿Y que hay acerca de los patios exteriores? ¿Los patios interiores? ¿La casa principal con sus escaleras de caracol, bibliotecas, comedores, cocinas, salas de estar y dormitorios? ¡Toda la propiedad espera que explores y disfrutes lo que el Padre tiene preparado para ti! Mas importante aún, tú mismo Padre Celestial espera ansiosamente saludarte y celebrar la vida contigo.

Esta imagen de una gran propiedad es un ejemplo del Reino de Dios. No te detengas a la puerta. Continua hacia la casa, explorando, descubriendo y probando todo lo que Dios tiene reservado para ti. A medida que profundices en el reino, descubrirás nuevas puertas que requieren nuevas llaves para abrirse, para explorar lo que hay dentro y viajar más cerca del Padre.

En Mateo 16:19, El Señor Jesús dijo que nos daría las llaves del Reino y todo lo que atemos en la tierra quedaría atado en el cielo y todo lo que desatáramos en la tierra quedaría desatado en el Cielo. Sus palabras nos dicen que existen múltiples puertas que requieren múltiples llaves para poder vivir en la tierra como en el Cielo.

¿Dónde están estas llaves? El Señor Jesús las tiene y nos las dará si se las pedimos con fe y le obedecemos solo a Él durante nuestro caminar. Cada nueva llave podría considerarse como "subir de nivel" como en un video juego. Una "llave" equivale a poder y autoridad. A medida que alcanzamos nuevos niveles de madurez como seguidores de Jesús, desbloqueamos nuevos poderes y armas para luchar contra los malos y ganar ese nivel. Estas llaves son necesarias si queremos vivir nuestras vidas exitosamente en la libertad que el Señor Jesús murió para darnos.

El reino de Dios es incomprensiblemente vasto. No tengo todas las llaves para abrir todos los misterios hermosos del Cielo, pero estoy siempre aprendiendo y pidiéndole al Señor Jesús que me de mas llaves. Creo que cada seguidor del Señor Jesús recibe un cierto juego de llaves, pero muchos no saben que las tienen. Recibimos otras llaves al seguir los pasos del Señor Jesucristo y vencemos a satanás día tras día. No olvides que cuando recibas nuevas llaves, Él te estará dando autoridad sobre el mal en esa área. Ahora, quiero compartir algunas de las llaves más esenciales que he recibido para vivir en el tierra como en el Cielo. Estas llaves también están disponibles para ti.

LLAVE #1 PERDON

Una de las primeras llaves que recibí fue la llave del perdón. Es una llave muy pesada. El perdón - es liberar sentimientos de resentimiento o venganza hacia alguien que nos ha lastimado – es difícil. ¡Especialmente cuando la persona no merece ser perdonada! Desde nuestro punto de vista, perdonar parece como si estuviésemos dando un pase libre a las personas que nos hicieron daño. Se siento "justo" vengarse de esta persona. Se siente "lógico" querer lastimar a esas personas "Ojo por ojo" suena muy bien como en Mahatma Gandhi dijo "un ojo por ojo y el mundo acabara ciego." [2]

*"No os venguéis vosotros mismos, amados, sino dejad lugar a la ira de Dios, porque escrito está: **Mía es la venganza yo pagaré**, dice el Señor."*
Romanos 12:19 (RVR 1977)

El camino que me llevó a recibir la llave del perdón comenzó con la comprensión del profundo tormento en el que estaba viviendo. Como ahora ya saben mi historia, mi vergüenza, el odio a mi misma y la rabia hacia mis abusadores y familiares pasivo que había estado alimentado mi vida. Que me dio una extraña energía y un enfoque tenebroso. De hecho, la idea de que "alguien tenia que pagar" impulso todos los aspectos de mi vida. Como resultado, la forma en que criaba a mis hijas, trataba a mi esposo, trabajaba y veía a Dios era severa, punitiva, dura y critica.

Mi falta de perdón hacia aquellos que me lastimaron me estaba succionado la vida lentamente. Hay un dicho que dice que la falta de perdón es como beber veneno y esperar que la otra persona que te lastimo muera. Yo era la que estaba bebiendo el veneno. Yo era la que estaba muriendo.

PETRA P.

Cuando vivimos sin perdonar, nuestras vidas están cubiertas por nubes de tormentas oscuras que nos siguen dondequiera que vayamos. Podemos agacharnos para cubrirnos, poner nuestro dolor fuera de la mente por unos minutos...pero, todavía estará allí, acechando en la distancia. La falta de perdón es como el reporte del clima que dice "nublado y sin sol" *por el resto de tú vida*. Es deprimente.

El diablo usa la falta de perdón para encarcelarnos, incluso si somos salvos. Le da acceso legal a las almas, porque, el Señor Jesús nos ordenó perdonar como Él nos ha perdonado.[3] Cuando no obedecemos al Señor Jesús estamos expuestos a los ataques del diablo. Una vez atrapado en la prisión de la falta de perdón, el enemigo atormenta y oprime a los abusados y traicionados y les impide cumplir su destino dado por Dios. Hay una salida: ¡La llave del perdón!

El Señor Jesús me entrego la llave del perdón cuando perdone por primera vez a uno de mis abusadores. Esta persona me hizo las cosas más viles. Pero, con todo mi corazón, le dije a Dios: "Señor Jesús, este hombre que abuso de mi no puede pagar lo que me robó, pero yo lo perdono y lo libero, como tú me has perdonado mis muchos pecados. La vida no es justa, Señor, pero Tú eres justo. Arreglaste y sanaste mi mente y mi corazón quebrantado. Te amo, Señor. La venganza es Tuya; oro para que Tú justicia prevalezca sobre esta situación."

Después de decir esta oración, sentí un rayito de esperanza en mi corazón. Posteriormente, cada vez que sentía que la ira y el dolor aumentaban, rezaba la misma oración. ¡Poco a poco, mi corazón sanó! La rabia y el dolor abrumador se fueron por completo. El Señor Jesús se encargó de ello, y yo estaba en paz después de años de tormento.

Eventualmente, a través de este proceso de orar intencionalmente y confiar en el Señor Jesús, me perdoné a mi misma y al resto de mis abusadores y familiares. ¡La pesada llave del perdón incluso me permitió orar por la salvación de ellos! Las puertas de la libertad se abrieron, permitiéndome vivir una vida plena hasta el día de hoy.

Recibe tu llave del perdón

Si quieres ser liberado de las puertas de la prisión por la falta de perdón, orá esta oración de fe:

"Señor Jesús (agregar los nombres de los que te lastimaron) no pueden pagar
lo que me robaron, pero yo los perdono y los libero como Tú me has perdonado de mis muchos pecados. La vida no es justa, Señor, pero Tú eres justo. Tú arreglaste y sanaste mi mente y corazón quebrantados. Te amo Señor, la venganza es Tuya; oró para que Tú justicia prevalezca sobre esta situación"

Continúa orando y confiando en el Señor. Él te quitara el aguijón del dolor, la traición y el abuso. Él lo hizo por mí. Recuerda que el Señor Dios no muestra favoritismo (Romanos 2:11) y que Él es movido por la fe (Marcos 11:22)

LLAVE #2 IDENTIDAD

Otra llave importante que recibí es la llave de la identidad. Después de aceptar al Señor Jesús como un adulto joven, le serví como serví a los otros dioses que adoré en el pasado. Solo oraba cuando estaba en problemas o en necesidad. Después de que se satisfacía la necesidad por la que ore, pedía algo mas con ayunos y rituales. La relación era fría y distante. A veces, sentía el amor de Dios-Padre, pero no consistentemente. ¡La razón de la relación fría fue porque no comprendí la realidad de que era una ciudadana del Cielo, ¡una hija del Rey! Después de aceptar al Señor Jesús como mi Dios, continue viviendo como una huérfana. Mi mente estaba entrenada para sobrevivir. Estaba consumida en como evitar el dolor y la muerte. No tenía idea de que había un propósito para mi más allá de la entrada de las puertas del Reino.

Cuando me sentía deprimida, pensaba que solo necesitaba estar mas agradecida de haber conocido al Señor Jesús y de vivir en un país hermoso como los Estados Unidos de América. Sin embargo, mi corazón anhelaba más. Lo que no sabía era que el Señor Jesús puso el anhelo de mas en mi corazón. Fue un deseo de vivir dado por Dios como Su hija en la tierra, así como en los Cielos, era una invitación a la intimidad con mi Creador.

Durante años deje que el enemigo me mintiera acerca de quien era yo en lugar de creer en la Palabra de Dios acerca de mi verdadera identidad. Cuando me di cuenta de que soy hija de Dios y Él me hizo Su heredera (Gálatas 4:7) mi cuerpo, mi mente y mi espíritu se sintieron en reposo.

Venga lo que venga, mi Padre Celestial está conmigo y me defiende. Mi llave de identidad es saber que soy hija de Dios; el Señor. Mi Padre-Dios nunca me abandonara y estoy adoptada por la eternidad.

La adopción es permanente. Para siempre. ¡Es irrevocable! Quien invoca el nombre del Señor Jesús también es hijo de Dios. Tienen los mismos derecho que yo. El Reino de los Cielos es vasto. El Señor Jesús anhela adoptar a todos los que lo invocan. ¡Hay amplio espacio para todos!

Recibe tu llave de identidad

Si estas leyendo esto y quieres ser adoptado en el Reino de Dios, reza esta oración con fe sincera:

"Señor Jesús, Tú dices que cuando te acepto como mi Señor y Salvador; me convierto en un hijo adoptado del Dios Altísimo. Ahora soy una ciudadana del Reino de los Cielos, te acepto como mi Padre-Dios. Te amo Padre."

Toma una hoja de papel y escribe estas palabras, esto certifica que (escribe tu nombre) ha sido adoptada (o) formalmente por la eternidad por Dios El Padre Celestial. En respuesta a esas palabras Dios Padre te responde: "*Al firmar este certificado, prometo darle a (escribe tu nombre) amor, cuidado y atención eternamente. Te daré esperanza y futuro*" Cada día, recuérdate a ti misma(o) la verdad y deja que el Espíritu Santo te ayude a vivir como lo que eres, hijo(a) del Rey.

PETRA P.

Somos hijos del Rey de reyes, adoptados en la familia de Dios, coronado y vestidos de justicia. Y coherederos con el Señor Jesucristo.

CASA SEGURA

1. Ver Apocalipsis 3:20
2. "Ojo por ojo el mundo acabara ciego...Cita." Todos los autores, https://allauthor.com/quotes/5761/.
3. Ver Efesios 4:32, Mateo 6:14 y Colosenses 3:13

8

LLAVES DEL REINO DEL ESPIRITU SANTO

Como seguidores de Jesús podemos vivir en el Reino de Dios no solo en la eternidad sino también durante nuestras vidas aquí en la tierra. En este capítulo, quiero compartir algunos de los principios fundamentales de este maravilloso Reino, así como también los dones y el poder que Dios nos ha dado para entrar en el.

LLAVE #1: PACTO DE SANGRE

El pacto de sangre con el Señor Jesús es algo que aprecio profundamente. Un pacto es un acuerdo vinculante entre dos partes. Cuando aceptas al Hombre-Dios Jesús como tu Señor y Salvador, entras en un pacto con Él. No es cualquier pacto, este es un pacto de sangre. Un pacto de sangre es más profundo y más significativo que un contrato entre personas o empresas. Es una forma ancestral de pacto entre Dios y Su pueblo, una promesa que se extiende hasta la eternidad.

El pacto que el Señor Jesús hizo conmigo incluye la promesa de que cuando yo necesite que Él venga a rescatarme Él vendrá. A cambio, cuando el Señor Jesucristo me necesite en la tierra para los fines de Su Reino, yo tengo que presentarme. Este pacto es único, porque la responsabilidad principal recae en el Señor Jesús. Yo tengo una responsabilidad muy pequeña que solo puedo cumplir con la gracia del Espíritu Santo. Tengo la mejor parte en este pacto gracias a Su bondad amorosa y eterna.

Este pacto de sangre existe entre el Señor Jesús y todos los que lo hacen su Señor y Salvador. Si tu eres uno de los seguidores del Señor Jesús, recuerda este pacto y declara las promesas del Señor Jesús sobre tu vida.

LLAVE #2: BAUTISMO EN AGUA

Jesús dijo, "Por tanto id, y haced discípulos a todas las naciones, bautizándolos en el nombre del Padre y del Hijo y del Espíritu Santo; enseñándoles que guarden todas las cosas que os he mandado; y he aquí yo estoy con vosotros todos los días, hasta el fin del mundo. Amén" (Mateo 28:19-29 RVR1960). El bautismo es un ritual sagrado. Cuando un cristiano nuevo se sumerge completamente en agua como símbolo externo de su nuevo compromiso interno de seguir al Señor Jesús. Significa una nueva vida, limpia y separada del pasado, del mundo y del pecado a través de la sangre del Señor Jesús. El bautismo es una demostración publica de que has comprometido tu vida al Señor Jesús a seguir y obedecer Sus mandamientos.

Puedes ser bautizado en tu propia casa con un balde de agua o en una bañera. Llama a tu líder cristiano (si tienes uno) o a tus amigos cristianos como testigos. Deja que uno de ellos te sumerja completamente en el agua diciendo: "Yo te bautizo en el nombre del Padre, del Hijo y del Espíritu Santo". Si tienes acceso a una iglesia, pídele a tu pastor que te bautice. Pase lo que pase, ¡no te puedes demorar! Si el Señor Jesús te dijo que hicieras algo, debes hacerlo. El ordena que cada uno de sus seguidores sea bautizado. ¡Él es bueno para guiarnos siempre por el camino correcto!

LLAVE #3: BAPTISM OF THE HOLY SPIRIT

Como expliqué anteriormente, todos los seguidores del Señor Jesús deben ser bautizados en agua. Pero hay otro bautismo disponible para aquellos que desean una relación más profunda con Dios. Se llama el bautismo del Espíritu Santo. Es una llave importante para aquellos que desean mayor intimidad con Dios.

Cuando eres bautizado en el Espíritu Santo, el Espíritu de Dios viene sobre ti, te llena y te da poder para servirle y ser testigo del Señor Jesús. El bautismo en el Espíritu Santo también viene con un don especial, un lenguaje de oración privado y único para que usted y Dios se comuniquen. Este idioma se llama lenguas.

Cuando leí en la Biblia acerca de este lenguaje especial de oración, fui a ver a una compañera creyente y le pedí que impusiera sus manos sobre mi y orara por mi para que recibiera este regalo. La Biblia dice que, si le pides algo al Señor, cree que será tuyo (Marcos 11:24).

Mientras mi amiga oraba por mí, con fe, abrí la boca y dejé salir nuevas palabras. Al principio sólo podía pronunciar una palabra. Sonaba como galimatías. ¡Pero sentí en mi espíritu que efectivamente había recibido el bautismo del Espíritu Santo y mi nuevo lenguaje de oración era evidencia de este regalo!

Cada vez que hablaba en mi idioma (lengua) de oración, no podía entender lo que estaba hablando. ¡Sin embargo, noté que mi determinación de acercarme al Señor Jesús se fortalecía! Sentí una cercanía al Señor y un deseo profundo de conocerlo aun más. Hablar en mi idioma de oración me fortaleció mental y espiritualmente. Esto produjo una mayor sensación de bienestar físico. En la Biblia, dice que tu lenguaje de oración te edificará (Judas 1:20) y te ayudará a orar (1 Corintios 14:2) ¡Estas escrituras confirmaron lo que sentía cuando oré en este lenguaje especial de oración y me animaron a orar de esta manera todo el tiempo! Que bueno es el Señor Jesús al darnos regalos tan maravillosos.

¿Quién es Dios El Espíritu Santo?

¿Quién es el Espíritu Santo? El Espíritu Santo es la tercera persona de la deidad, La deidad también se llama Trinidad. Esta compuesta por Dios Padre, Dios Hijo (Jesús) y Dios Espíritu Santo. ¿Hay tres dioses? ¡No! Son tres personas distintas, pero son un Dios. Dios Padre, Creador de todo, se sienta en Su trono en el Cielo. Dios Padre envía Su aliento – Dios Espíritu Santo – para cumplir Sus propósitos en la tierra. El Señor Jesús es la palabra de Dios hecha carne, ahora esta sentado en el Cielo con el Padre. Son distintos, pero perfectamente Uno. Piensa en un triángulo, sus tres lados se unen para formar una sola figura. Si le quitas un lado, no es un triángulo. Asimismo, Dios Padre, el Espíritu Santo y el Señor Jesús son tres lados de la trinidad.

Dios el Espíritu Santo es el miembro de la Trinidad que llena nuestros corazones cuando aceptamos a Jesucristo como nuestro Señor. Su Espíritu entra en nuestro espíritu. Después de que el Señor Jesús resucitó de entre los muertos para ascender al Cielo, dijo que enviaría al Consolador, Dios El Espíritu Santo, para enseñarnos todas las cosas y recordarnos todo lo que dijo. (Juan 4:26 y Juan 16:7) El Espíritu Santo revela la verdad y nos da las llaves que necesitamos para vivir en la tierra, así como en el Cielo.

Recibe el bautizo del Espíritu Santo

El bautismo del Espíritu Santo está disponible para todos los creyentes en el Señor Jesucristo. Si deseas este don, pídele a un compañero creyente o líder de la iglesia que haya recibido el bautismo del Espíritu Santo que te imponga las manos y oré para seas lleno del Espíritu Santo. Después de orar, recibe el regalo con fe.

Abre la boca, deja que salgan las palabras. No importa si

suena gracioso o no tiene sentido, ¡no pares! Continúa hablando con fe las palabras de tu lenguaje de oración. Si te asalta la duda, recuerda la Palabra de Dios: "Señor, tú dijiste: que, sí te pido con fe, lo recibiré[1] yo creo que soy bautizado en el Espíritu Santo y recibo el don de lenguas en el nombre del Señor Jesucristo. Amén"

Esta llave es especialmente importante en el proceso de edificar tu espíritu y fortalecer tu alma. Cuando estes lleno del Espíritu Santo, las fortalezas y las influencias demoníacas que se revelan mientras oras te abandonarán. El Señor Jesús es fiel, y hará lo que el dijo en Su Palabra, la Biblia. Cuanto más hables en tu lenguaje especial de oración, más fortalecerás tú espíritu y tu alma será liberada.

LLAVE #4: PODER Y AUTORIDAD CELESTIALES

Otro regalo del Espíritu Santo es poder y autoridad del Cielo (Lucas 24:39). La Palabra de Dios dice, "He aquí os doy potestad de hollar serpientes y escorpiones y sobre toda fuerza del enemigo, y nada os dañara. (Lucas 10:19 RVR1960). El Espíritu Santo da poder y autoridad sobre los lugares en tinieblas para traer la luz del Señor Jesús y liberar a los prisioneros. El diablo ha tomado a muchos prisioneros sin su conocimiento en su salud, familia, finanzas, propósitos y destino. Se te ha dado poder y autoridad sobre todo lo que has vencido por medio del Señor Jesús.

¡Ahora tengo la autoridad para liberar a las personas en las áreas en las que el Señor Jesús me ha liberado! El enemigo que me atormentó, abusó, acosó, daño y ridiculizó es el mismo enemigo sobre el cual se me ha dado autoridad. Cuán maravilloso y justo es el Señor Jesús.

A medida que superes varias batallas espirituales en tu vida, el poder y la autoridad en esas áreas serán tuyos. Debido a que esta llave es especifica para cada persona y su travesía, espera en el Espíritu Santo. Él te enseñara como usar la llave del poder y la autoridad y hacer obras maravillosas para el Señor Jesús. Liberando a otros y guiándolos hacia Él.

LLAVE #5: PODER SANADOR

Me sentí abrumada cuando supe que el Señor Jesús podía sanarme de todas y cada una de mis enfermedades. A través de la Biblia, aprendí que el Señor Jesús murió en la cruz no solo para pagar el precio de nuestros pecados, sino también, *para sanar todas nuestras enfermedades*. Cuando Él fue azotado, cada azote que recibió en su espalda aseguró nuestra sanación (Isaías 53:5) Me sentí devastada, pensando en que como Él sufrió tanto dolor físico para poder traer sanidad a cada uno de nosotros. ¡La sangre que Él derramó fue para nuestra sanación!

La promesa de sanación para todos los que invoquen el nombre del Señor Jesucristo es la llave eterna para la curación física, emocional, mental, relacional y espiritual. Abrace firmemente esta promesa y he sido sanada numerosas veces de muchas dolencias a lo largo de los años. Cuán maravilloso, sorprendente, digno, majestuoso, bueno y bondadose es nuestro Señor, no sólo para recibir el castigo por nosotros, sino también para darnos esta sólida promesa de salud y sanación. Todas las enfermedades son curadas en Su nombre. ¡Sin excepciones!

Recibe el Poder sanador de Jesús

¿Necesitas sanación en alguna área de tu vida? Has la siguiente oración:

"Señor Jesús, moriste en la cruz y fuiste golpeado por mí. Por las llagas de tu espalda, pagaste el precio de mi curación. Recibo

esta curación en mi cuerpo. Le hablo a mi (menciona la parte del cuerpo, la relación, estado mental, etc.) para ser sanado, para alinearse con la Palabra de Dios y ser completa. Maldigo esta (enfermedad, pensamiento impío, patrón de comportamiento, etc.) para que se deshaga en el Nombre de Jesús. Amén"

Si no ves la sanación manifestarse en tu cuerpo inmediatamente, no pierdas la esperanza. Declara tu sanidad y mantente tu fe. Si entra el miedo, dile no y sigue corriendo hacia Dios. Él es fiel y te encontrara en el momento en que más lo necesites.

Mientras esperas que el Espíritu Santo complete Su sanación, El puede mostrarte cosas de las que necesitas arrepentirte. Él podría exponer cosas que el enemigo tiene en tu contra, para mantenerte enfermo. Si ese es el caso, arrepiéntete rápidamente y cree que estás perdonado.

Recuerda que el Señor Jesús no te está castigando, ni enseñándote una lección enfermándote. No creas esa mentira. El Señor Jesús es bueno y quiere que seas sanado. Mantente en la fe sin importar lo que digan otros. Si necesitas acudir a un médico para que te ayude en el proceso de curación, el Señor Jesús te abrirá el camino. Él no está en contra de recurrir a los médicos. Uno de sus nombres es "Gran Médico."[2] Si no tienes dinero para el médico, espera en Él. Él proporcionará uno. Él es tu Padre. Él también puede curarte en una fracción de segundo. A lo largo de toda la Biblia hay historias de la vida real de hombres y mujeres que el Señor Jesús sanó sobrenaturalmente. Estas curaciones sobrenaturales continúan hasta el día de hoy por el poder de Su Espíritu Santo.

---

1. Ver Marcos 11:24
2. Ver Marcos 2:17

CIMIENTOS FUNDAMENTALES

Mi vida es un milagro palpable, un testimonio del poder salvador del Señor Jesucristo. Si has decidido aceptar al Señor Jesús como tu Salvador, las siguientes verdades fundamentales son claves para caminar victoriosamente en tu destino.

LA PALABRA DE DIOS, LA BIBLIA

A lo largo de este libro, he usado versículos de la Biblia para respaldar lo que el Señor Jesús ha hecho en mi vida. "Porque la Palabra de Dios es viva y eficaz y más penetrante que toda espada de dos filos. Penetra hasta partir el alma y el espíritu, las coyunturas y los tuétanos y discierne los pensamientos y las intenciones del corazón" (Hebreos 4:12 RVR1960). El cielo y la tierra pasarán, pero la Palabra de Jesús nunca pasará (Mateo 24:35) lee la Palabra de Dios todos los días. Si está escrito en la Biblia, puedes pedirle con valentía al Señor Jesús que lo haga por ti hoy (sanidades, liberación, justicia, etc.) Él hace lo que Su Palabra dice que hará.

PETRA P.

¿Que sigue después?

Consigue una Biblia y léela desde el principio hasta el fin. Quizás no lo entiendas todo, pero recuerda que la Biblia es palabra viva. Invita al Espíritu Santo en el proceso y pídele que te ayude a comprender lo que estás leyendo. Ora de esta manera: "Espíritu Santo, Tú eres el Revelador de la verdad. Te doy la bienvenida mientras leo la Biblia para enseñarme, para revelarme y para ayudarme a comprender la Palabra de Dios. ¡Gracias, Espíritu Santo! óro en el nombre de Jesús. Amén."

Si no puedes conseguir una Biblia, has esta oración: "Señor Jesús, no tengo una Biblia ni los medios para conseguirla. Te pido Tu ayuda celestial para que me envíes una Biblia, en el nombre de Jesús, amén." Él es Dios y Él encontrara una manera de conseguirte la Biblia. Él es así de increíble.

ALABANZA Y ADORACION

"Alabaré al Señor toda mi vida; ¡mientras haya aliento en mí, cantaré salmos a mi Dios!" (Salmo 146:2 NVI). Cantar y bailar para el Señor Jesús es una de las cosas más hermosas que puede hacer un seguidor del Señor Jesús. Adorar nos ayuda a entrar en la presencia de Dios. ¡El Señor Jesús se une a nosotros cuando lo adoramos! Cuando canto o bailo para Él, puedo experimentar la libertad sobre la depresión, la ansiedad, el trauma y la opresión.

¿Que sigue después?

Canta y baila para el Señor Jesús. Canta cánticos de agradecimiento, cánticos de alabanza y cánticos de adoración mientras bailas. Puedes inventar tus propias canciones, cantar versículos de la Biblia en voz alta o cantar junto con un álbum de alabanza grabado. Adora solo o con otros. ¡Mientras adoras, la libertad llegará y las cadenas que te retinen se romperán!

LUGAR SECRETO CON EL PADRE CELESTIAL

Mas tú, cuando ores, entra en tu aposento y cerrada la puerta, ora a tu Padre que está en secreto; y tu Padre que ve en lo secreto te recompensara en público. (Mateo 6:6RVR1960). Este es el secreto mejor guardado del Reino de Dios.

En mi casa tengo una habitación dedicada como mi lugar secreto. Entro, cierro la puerta y hablo con Dios como con una persona que está enfrente de mí. El Padre siempre se reúne conmigo. En nuestros momentos juntos en el lugar secreto, el Señor Jesús me instruye y me guía, ayudándome cada día. En el lugar secreto, lo escucho a través de mis pensamientos, mientras me trae a la mente una escritura, un recuerdo o una imagen. A veces, Él me habla mientras leo la Biblia en oración. Las formas en que Él habla no tienen fin.

Crea un lugar secreto en tu hogar. Puede ser tu habitación, un armario, una despensa o un jardín. ¡Cualquier lugar privado servirá! Si es un espacio abierto, busca un lugar tranquilo y asegúrate de estar solo(a). Levántate temprano si es necesario. Prepárate para escuchar al Señor Jesús con tu Biblia, papel y lápiz. Cuando te hayas instalado en tu lugar secreto, tranquilízate y comienza a agradecer a Dios por Su bondad, misericordia, bendiciones, provisión y ayuda. Luego, comienza a escuchar Su voz. Dios-Padre sabe cómo encontrarte donde estés. Recuerda, Él te creo y sabe como comunicarte Sus palabras. Simplemente ponte a Su disposición.

*Si te preguntas a ti mismo, si lo que escuchaste proviene de Dios, entonces observa si se alinea con la verdad de las Escrituras y es confirmado por algunos creyentes de confianza. Esto se llama "probar" la palabra.

COMUNION

"Yo recibí del Señor ……tomó pan y, después de dar gracias, lo partió y dijo: «Esto es mi cuerpo, entregado por ustedes; hagan esto en memoria de mí». De la misma manera, tomó la copa después de cenar y dijo: «Esta copa es el nuevo pacto en mi sangre; hagan esto cada vez que beban de ella en memoria de mí». Porque cada vez que comen este pan y beben de esta copa, proclaman la muerte del Señor hasta que él venga". (1 Corintios 11:23-26 NVI)

¿Que sigue después?

El señor Jesús partió el pan y compartió vino con Sus discípulos antes de ser crucificado. Él nos ordeno hacer lo mismo en memoria de Él. Es una comida santa y especial llamada 'comunión" o "la cena del Señor". Puedes usar pan o galletas saladas y jugo de uvas (o lo que tengas a la mano).

Enfoca tu mente en el Señor Jesús, pide al Espíritu Santo que te revele cualquier pecado que hayas cometido en contra del Señor. Arrepiéntete de tus pecados. Come el pan en memoria del Señor Jesús, que murió por nuestros pecados y por nuestra sanidad. Bebe la copa en reverencia a la sangre que Él derramó por tus pecados y para la curación que necesites. No hay límite en la cantidad de veces que comulgas. Conozco muchas personas que comulgan todos los días. Te animo a tomar la comunión cuando estes enfermo, ayunando, orando o recordando lo bueno que es el Señor Jesús.

ACEITE DE UNCION

El aceite de unción indica que alguien o algo es santificado y santo para el Señor Jesús. Hoy en día, se recomienda a los seguidores de Jesús que utilicen el aceite de unción. La Biblia relata que el aceite de unción se usaba para ungir a reyes y para el servicio al Señor en el templo. Si alguien está enfermo la Palabra de Dios nos dice que dejemos que los ancianos de la iglesia oren y unjan al enfermo en el nombre del Señor Jesús para su sanación.[1]

¿Que sigue después?

En la Biblia, el aceite de unción era aceite de oliva puro, pero tú puedes usar el que tengas a la mano. Simplemente ora sobre el aceite para apartarlo como santificado. Luego, pregúntale al Señor Jesús que quiere que le dediques. Te animo a que dediques como santo al Señor Jesús con aceite de unción tu hogar, tu negocio, tus hijos, tu cónyuge, etc.

Mientras caminas por tu casa con el Señor Jesús, unge las puertas de tu casa, tus ventanas, tu almohada, tu cama, tus hijos y cualquier otra cosa que necesites dedicar a Dios. Pon el aceite en tu dedo y unge a la persona u objeto con un poco de aceite. Luego, di una oración como esta: "Señor Jesús, unjo este hogar con este aceite para separarlo para ti. Ningún mal puede crecer aquí. El Espíritu Santo es el único bienvenido aquí, ningún otro espíritu es bienvenido. En el nombre de Jesús. Amén."

¡HAY MAS!

Estos cimientos fundamentales son para que tu los pongas en práctica en tu vida y veas el poder del Señor Jesús manifestarse en la medida en que construyes tu vida con él. Recuerda que el Espíritu Santo está contigo y en ti. Llámalo. ¡Él es tu ayuda constante!

Oro para que mi testimonio te haya bendecido y te haya dado

una idea de la vida victoriosa que el Señor Jesucristo le da a cualquiera que le diga "si". Oro para que tu vida esté llena de la luz de Jesucristo. ¡Jesús te ama! ¡Eres querido por Él y muy preciado a sus ojos!

Hoy mi testimonio continúa. Recibí la paz y las bendiciones de mi Señor y Salvador. Él me libro del malvado tormento de mis abusadores y me puso sobre una base sólida. Él salvó milagrosamente a mi esposo y a otros miembros de mi familia, y estamos criando a nuestras hijas para amar y servir al Señor Jesús.

La aventura continúa profundamente hacia el Reino de Dios. Yo solo he tocado la superficie de la belleza, el placer y el propósito intenso que surge al conocer íntimamente al Rey de reyes y Señor de señores. ¡Mi oración es que tú también recibas las llaves de la salvación y te sumerjas en los misterios del cielo y la misericordia de Dios, que tú también veas la bondad de Dios en la tierra de los vivos![2]

ÉL ES FIEL, SÍ; ¡ÉL ES REALMENTE FIEL!

PETRA

CASA SEGURA

Al igual que la hermosa forma de arte japonesa, Kintsugi, el Señor Jesús nos vuelve a unir, sellando nuestras grietas y fracturas con el amor de Dios. ¡Él convierte nuestro luto en alegría y nuestras cenizas en belleza!

---

1. Ver Santiago 5:14
2. Ver Salmos 27:13

LISTA DE LIBROS PARA ENTENDER MEJOR EL REINO DE LOS CIELOS

- *La Presencia – Develando la Agenda del Cielo* por Bill Johnson (Hosting the Presence)
- *La voz de Dios* por Cindy Jacobs (The Voice of God)
- *El hombre celestial* por Hermano Yun (The Heavenly Man)
- *La Trampa de satanás* por John Bevere (The Bait of Satan)
- Guiados por la eternidad por John Bevere (Driven by Eternity)
- *Victoria sobre la oscuridad* por Watchman Nee (Victory over Darkness)
- *El hombre espiritual* por Watchman Nee (The Spiritual Man)
- El Caminar del Espiritu, El Caminar del Poder por Dave Roberson (Walk in the Spirit)
- *Oración la clave del avivamiento* por Dr. Paul Yonggi Cho (Prayer: Key to Revival)
- *La cuarta dimensión* por (Yonggi Cho)
- *Libros de recursos de estrategia de oración* por Ruth Shinness (Prayer Strategy)

LISTA DE LIBROS PARA ENTENDER MEJOR EL REINO DE LOS CIELOS

- *El Hacedor de círculos* por Mark Batterson (Praying circles around your children)
- *Dialogue with God* by Mark Virkler
- *The Power of the Blood Covenant: Uncover the Secret Strength of God's eternal oath* by Malcom Smith

Made in the USA
Columbia, SC
07 December 2023